KuK

KAISERLICHES
WIEN
KÖNIGLICHES
BUDAPEST

Die Deutsche Bibliothek - CIP-Einheitsaufnahme

K.u.K kaiserliches Wien - königliches Budapest / Katalin Jalsovszky ; Emöke Tomsics. Mit einem Vorw. von Péter Hanák. - Wien : Brandstätter, 1996
ISBN 3-85447-631-0
NE: Jalsovszky, Katalin; Tomsics, Emöke

1. Auflage 1996
Der Entwurf des Schutzumschlags und die graphische Gestaltung stammen von Christian Brandstätter. Die technische Betreuung besorgte Franz Hanns, das Lektorat Brigitte Stammler.
Die Gesamtherstellung des Werkes einschließlich der Reproduktion der Photographien erfolgte bei Druckhaus Grasl, Bad Vöslau.

ISBN 3-85447-631-0
Christian Brandstätter Verlagsgesellschaft m. b. H.
A-1080 Wien, Wickenburggasse 26, Telephon (++43-1) 408 38 14

KuK

KAISERLICHES WIEN KÖNIGLICHES BUDAPEST

Photographien um die Jahrhundertwende

Zusammengestellt von
Katalin Jalsovszky und Emőke Tomsics
Vorwort von Péter Hanák

Mit 190 Abbildungen in duotone,
zahlreichen Zitaten aus der Literatur
und zwei Stadtplänen

Verlag Christian Brandstätter
Képzőművészeti Kiadó

Bildquellenverzeichnis

Vladimir Aichelburg, Wien: S. 78 u., 118

Architekturmuseum, Budapest: S. 18/19, 112, 120 u.

Archiv der Stadt Budapest: S. 134 o.

Austrian Archives, Wien: S. 3, 5 l., 5 r., 7, 8/9, 16/17, 23, 33,.41, 46, 48 l., 48 r., 51, 52 u., 57, 58, 62/63, 66/67, 70/71, 73, 77 o., 79 u., 80 l., 94/95, 103, 105, 107 l., 113, 114/115, 116 o. l., 130/131, 135 u., 136, 138 u. l., 146, 147, 149, 153 o., 159, 161 o., 162, 164, 166 u., 168/169, 171

Christian Brandstätter Verlag, Wien: S. 22/23, 27, 55, 68/69, 76, 89 o., 93, 98, 100, 106 o., 110/111, 114 o., 117, 119 u., 124/125, 126, 127 u., 128/129, 134 u., 139, 140, 154 o., 156, 173

Budapester Historisches Museum: S. 24, 29, 32, 37 o., 37 u., 38 u., 50, 52 M., 54/55, 56 o., 64, 67, 71, 77 u., 80 o. r., 81, 83, 102, 106 u., 114 M., 119 o., 119 M., 121 o., 123 o., 132/133, 138 u. r., 141, 150, 150/151, 153 u., 166 o.

Ethnographisches Museum, Budapest: S. 52 o.

Feuerwehrmuseum, Budapest: S. 128

Hauptstädtische Szabó Ervin Bibliothek, Budapestsammlung: S. 20 u., 49 l., 49 r., 56 u., 61, 92, 135 o., 138 o., 154 u., 165

Historisches Museum der Stadt Wien: S. 34, 65, 91

Franz Hubmann, Wien: S. 80 u. r., 82/83, 145 u.

Kriegshistorisches Museum, Budapest: S. 26

Julius Meinl, Archiv, Wien: S. 122, 123 u.

Museum für die Geschichte der Medizin „Ignác Semmelweis", Budapest: S. 127 o.

Österreichische Nationalbibliothek, Bildarchiv, Wien: S. 121 u., 142

Postmuseum, Budapest: S. 131 o., 131 u.

Reproduktionen aus photographischen Werken der Jahrhundertwende: S. 31, 38 o., 43, 60 o., 96 u., 114 u., 132, 158, 167 u.

Sportmuseum, Budapest: S. 143

Ungarisches Handels- und Gastgewerbemuseum, Budapest: S. 63

Ungarisches Nationalmuseum, Historisches Photoarchiv, Budapest: S. 20/21, 25, 28/29, 30/31, 35, 36/37, 37 M., 39 l., 39 r., 40/41, 42, 44, 45, 47, 53, 59, 60 u., 68, 72, 74, 75, 78 o., 79 o., 84/85, 85, 86, 87, 88/89, 89 u., 90/91, 95, 96 o., 97, 98/99, 101, 104, 116 o. r., 116 u., 120 o., 124, 137, 144/145, 148/149, 152/153, 154/155, 156/157, 160, 161 u., 163, 167 o., 169, 170, 172, 174, 175

Ungarisches Photomuseum, Kecskemét: S. 108/109, 144 u.

Ungarisches Theatermuseum und Institut, Budapest: S. 107 r.

KAKANIENS ZWEI HAUPTSTÄDTE: DAS KAISERLICHE WIEN UND DAS KÖNIGLICHE BUDAPEST

Vorwort von Péter Hanák

Ein Budapester, der einst seine Blicke über das morgendliche Wien schweifen ließ, stellte erstaunt fest, wie elegant und sauber doch die Stadt geworden war. Ein Wiener in Budapest hingegen erwachte vom Lärm der Straßenbahnen, der Müllabfuhr, der hastig ihren Geschäften nachgehenden Menschenmassen. In der Stadt herrschte ein lebhaftes Treiben. Räumliche Großzügigkeit und Eleganz hatten Wien schon immer ausgezeichnet, in Budapest dagegen war man an das Summen in einem Bienenkorb erinnert.

Ein Budapester fühlte sich in Wien ebenso wohl wie ein Wiener in Budapest. In beiden Städten erwarteten ihn Milchkaffee mit Kipferln und die Morgenzeitungen, im nahen Park erklang Militärmusik. Phantastisch die Ähnlichkeit der Kioske, Uniformen, Kapellmeister und Blechmusik. Sehen wir uns nur die beiden Bilder auf Seite 112 und 113 an! Oder den majestätischen Stephansdom neben der ebenmäßigen Fassade der Matthiaskirche in Buda. Und die Kuppel, Säulen und Türme der Karlskirche ähneln in ihrer Schönheit von weitem der Silhouette der Sankt-Stephans-Basilika.

Mit Hilfe zeitgenössischer Photographien und Aufzeichnungen, mit Erfindungsreichtum, Einfühlungsvermögen und vielleicht einiger Nostalgie nach einer unwiederbringlich verlorenen, lediglich in Wort und Bild rekonstruierbaren Vergangenheit haben die Autoren diese Parallelen vor den Augen des Betrachters sichtbar gemacht. Die Erinnerung an die Konflikte von ehedem sind im Verlauf des 20. Jahrhunderts verblaßt; aus Unterschiedlichkeit ist Ähnlichkeit geworden, aus Nachbarschaft Verwandtschaft. Die gemeinsamen Züge im Stadtbild treten heute stärker hervor als vor hundert Jahren.

Die Wiener Hofburg und die Budaer Königsburg vermitteln, obwohl sie in ihrem urbanen Umfeld erheblich voneinander abweichen, eine von gleichen Elementen geprägte Atmosphäre. Geschmackvoller Historismus und zurückgenommener Barock repräsentieren die einstige Macht. Auf dem Budaer Burgberg steht eine Reiterstatue desselben Prinz Eugen von Savoyen wie auf dem Heldenplatz, auch wenn in Ofen (Buda) das Pferd nicht die nach dem Wiener Pferdeprotokoll angemessene kämpferische Pose der erhobenen Vorderbeine zeigt. Und wenn es auch zwischen dem Budapester Ring und der Wiener Ringstraße wenig Ähnlichkeiten gibt, so bestehen doch zwischen der Andrássy út und diesem Boulevard der österreichischen Metropole stilistische Übereinstimmungen. Auch zwischen dem Prater und der Margareteninsel sowie dem Stadtwäldchen lassen sich Gemeinsamkeiten ausmachen. Überraschend die Entdeckung, daß auch die repräsentativen Denkmäler von Maria Theresia und Ferenc Deák (der erhöhte Sockel, die Anordnung der Nebenfiguren und der Hintergrund) Ähnlichkeiten aufweisen. Allerdings kann nicht unbemerkt bleiben, daß die Kaiserin tatsächlich in Herrscherinnenattitüde thront, Gehorsam gebietend, umgeben von Feldherren und Staatsmännern, während Deák in der Pose des selbstbewußten Bürgers ruht, fast schlummernd, umgeben von den in friedliche Träume versunkenen Symbolfiguren bürgerlicher Tugenden.

Ersetzen wir jedoch die wohltuende Amnesie durch eine Analyse zuverlässiger Fakten, so werden auch die Parallelen der einstigen Wirklichkeit sichtbar. Betrachten wir beispielweise den Stephansdom und die Matthiaskirche. Beide sind sie gotische Bauwerke; der Stephansdom allerdings ist schwerfälliger, ein Original, während der prächtige Turm der Matthiaskirche eine neogotische Konstruktion vom Ende des 19. Jahrhunderts ist, wenn auch von hervorragenden Meistern entworfen, von Frigyes Schulek und Miklós Ybl. Die Wiener Karlskirche, von Johann Bernhard Fischer von Erlach in der Glanzzeit des österreichischen Barock errichtet, gilt als zeitgetreue Spiegelung, während die Budapester Basilika, ein verspäteter Barockbau, auf den Historismus des ungarisch-österreichischen Ausgleichs von 1867 zurückgeht und weder zu den Meisterwerken des Barock noch des Historismus gehört. Auch die Ähnlichkeit der Wiener Hofburg und der Budaer Königsburg erschöpft sich zumeist in Äußerlichkeiten, und das nicht deshalb, weil der architektonische Bogen der Hofburg von der Renaissance bis zum späten Eklektizismus reicht, während die Ofener Königsburg ein auf mittelalterlichen Fundamenten errichteter Millenniumsbau ist, sondern deshalb, weil die Wiener Burg ein tatsächliches Zentrum des Reichs mit Wohntrakt und Ämtern gewesen ist, die Budaer Burg dagegen lediglich dekorativen Zwecken diente und der Hof dort nur anläßlich festlicher Repräsentation – als Gast – auftrat.

Natürlich konnte auch Budapest einst stolz auf sein Stadtwäldchen verweisen (selbst heute noch auf die Margareteninsel), was allerdings die traurige Tatsache nicht verdecken kann, daß die

Stadt um die Jahrhundertwende nur ein Viertel der Grünflächen, Parkanlagen und Gärten besaß, die Wien sein eigen nannte. Raum für Erholung und Vergnügungen blieb in dieser hektischen Stadt kaum, denn selbst der sich dem Stadtwäldchen anschließende Heldenplatz diente nationaler Repräsentation und nicht der Sehnsucht der Bürger nach Natur. Noch ein anschauliches Beispiel: Die Wiener Ringstraße ist vom Stadtpark bis zum Burggarten und zum Volksgarten beziehungsweise bis zu den Plätzen vor dem Rathaus und der Votivkirche fast durchgehend von Bäumen gesäumt – wo aber sind die einst grünenden Meierhöfe und Gärten geblieben, die sich in der Gegend des Budapester Rings befanden? Sie sind von den dicht bebauten Häuserzeilen geschluckt worden, vom hohen Verkehrsaufkommen zwischen Oktogon und Nyugati tér (Westplatz), dem „Basar" des Rings. Der Budapester Bürger suchte nicht in den Gartenlauben, nicht unter den schattigen Eichen der Parkanlagen Erholung und Zerstreuung, sondern in den Kaffeehäusern, die den Ring und die Andrássy út wie Efeu umrankten.

Aus diesem flüchtigen Vergleich wird deutlich, daß für die beiden Hauptstädte nicht nur die Ähnlichkeiten typisch waren, sondern auch die Unterschiede. Und die zeigten sich nicht allein in der Größenordnung von Wirtschaft oder Eleganz, sondern auch in strukturellen Abweichungen, die auf die historische Entwicklung zurückzuführen sind: in einer räumlichen und zeitlichen Asymmetrie. Um die Parallelen – und die Unterschiede – zwischen Wien und Budapest besser zu verstehen, sollten wir die Vergangenheit ausleuchten.

Die Entwicklung des römischen Vindobona und Aquincum, des mittelalterlichen Wien und Ofen-Pest, verlief bis zum 16. Jahrhundert tatsächlich parallel. Daran änderten auch die Konflikte und selbst die gelegentlichen militärischen Auseinandersetzungen nichts. Hinter den häufigen dynastischen Streitigkeiten verbarg sich eigentlich die Absicht, ein starkes mitteleuropäisches Reich zu schaffen, das heißt, der Plan einer regionalen Integration. In diesem jahrhundertelangen Kampf blieb Buda hinter Wien nicht zurück. Dabei denke ich nicht so sehr an die kurze Episode der Wiener Herrschaft des Königs Matthias Corvinus als vielmehr an sein Buda der Renaissance. Die ungarische Hauptstadt, die damals dreißigtausend Einwohner zählte, war in dieser Periode Mittelosteuropas für einige Jahrzehnte ein blühender Garten der Renaissance und des Humanismus. Mit Hilfe von Heiraten und Eroberungen, Religionskriegen und zerstörerischem Absolutismus gelang die Integration des Reichs allerdings nicht König Matthias, sondern den Habsburgern, die sich auf die römisch-deutsche Kaiserkrone stützten. Auch Wien blieb von der kaiserlichen Willkür nicht verschont. Nur schwer fand es sich mit der Herrschaft der Habsburger ab, doch entziehen konnte es sich deren wachsendem Einfluß nicht. Begleitet wurde diese Entwicklung über die Jahrhunderte hinweg von der Niederschlagung einiger Wiener Aufstände (1309, 1406/07, 1463, 1522); das Blut mehrerer Dutzend hingerichteter Bürgermeister und Ratgeber klebte an jenem Entwicklungsprozeß, in dessen Verlauf Wien von einer deutschen Reichsstadt zur Hauptstadt des Habsburgerreichs und seine freien Bürger loyale Untertanen wurden. Diese Periode fand Mitte des 17. Jahrhunderts ihren Abschluß, als sich der Kaiser des Heiligen Römischen Reiches Deutscher Nation, zugleich Herrscher Österreichs, König von Böhmen und Ungarn, endgültig in Wien, der künftigen Haupt- und Residenzstadt, niederließ. Es steht außer Zweifel, daß das Aufblühen der Haupt- und Residenzstadt der wohltätigen Bevormundung durch die absolutistische Macht zu verdanken ist, die nicht nur in einer strikten Zentralisierung der Herrschaftsattribute und -institutionen ihren Niederschlag fand, im Einzug der habsburgtreuen Aristokratie und der hohen Bürokratie, sondern auch im Aufbau der geistigen Elite, des Theaters, der Oper, des Musiklebens, der Universität, der Gewinnung von Wissenschaftlern und Künstlern. Nachdem es 1683 gelungen war, die türkische Belagerung abzuwehren, und nachdem das Herrscherhaus Ungarn zurückerobert hatte, war Wien zur Hauptstadt einer Großmacht, zur Hochburg des Absolutismus und der Gegenreformation geworden, zugleich zu einem Zentrum der europäischen Barockkultur.

Und hier sind die maßgebliche Rolle des Absolutismus, des Hofes und des Hochadels beim Städtebau, bei der Verbreitung eben dieser Barockkultur hervorzuheben, einer neuen Kunstströmung und Ästhetik. Der Städtebau als Aufgabe der Fürsten oder Feudalherren war zwar eine Entwicklung der Spätrenaissance, doch seine Blütezeit lag im Barock. Die geometrisch geordnete Planung der organisch wuchernden mittelalterlichen Stadt, die Errichtung breiter und gerader Straßen, großzügiger Plätze, prachtvoller Paläste und Kirchen, die Schaffung von Parkanlagen und Gärten, die Gründung von Theatern und Orchestern und die Organisation von Festlichkeiten gingen von Rom und Paris aus. In diesem Sinn war das Barock ein wichtiger Vorläufer und Wegbereiter der modernen Urbanisierung.

Von dieser Entwicklung ist Budapest mehr oder weniger ausgeschlossen geblieben. In der ersten fruchtbaren Periode des Barock wurde es zur Residenz einer türkischen Provinz. Auf den Türmen seiner zu Moscheen umgebauten Kirchen prangte noch der Halbmond, als in Wien italienische Meister (die Familie Carlone, die Brüder Canevale) eine Reihe von Adelspalästen und Kirchen bauten, darunter an der Stelle des bei einer Feuersbrunst zerstörten Westflügels der Burg den rein barocken leopoldinischen Trakt und anstelle der abgerissenen Synagoge der Judenstadt

BUDA PEST.
DONAU STROM
Stadt-Wäldchen
Hungaria Ring
Rennbahn
Central Friedhof
Westbahnhof
Ostbhf. (Personen Central Bahnhof)
INNERE STADT
LEOPOLDSTADT
THERESIENSTADT
ELISABETHSTADT
JOSEPHSTADT
FRANZSTADT
WASSERSTADT
FESTUNG
CHRISTINENSTADT
TABAN
St. Gerhards od. Blocksberg (Gellérthegy)
Citadelle
Parlament
Central Stadt Haus
Stefans Basilika
Neues Polytechnikum
Blocks Bad
Rudas Bad
Süd Bahnhof
Margar.
Meter
Strassenbahn.
Untergrundbahn.

B.
DER GESCHICHTLICHE BODEN
der
k.k. Reichshaupt- u. Residenzstadt
WIEN.
Maßstab 1:25.000.
0 100 200 300 400 500 600 700 800 900 1000
Meter.
Eisenbahn
Elektr. Straßenbahn
Thury, Althan etz. - Namen der alten Vorstädte und Gründe
Bezirks-Einteilung:
I. Innere Stadt
II. Leopoldstadt
III. Landstraße
IV. Wieden
V. Margareten
VI. Mariahilf
VII. Neubau
VIII. Josefstadt
IX. Alsergrund
X. Favoriten
XI. Simmering
XII. Meidling

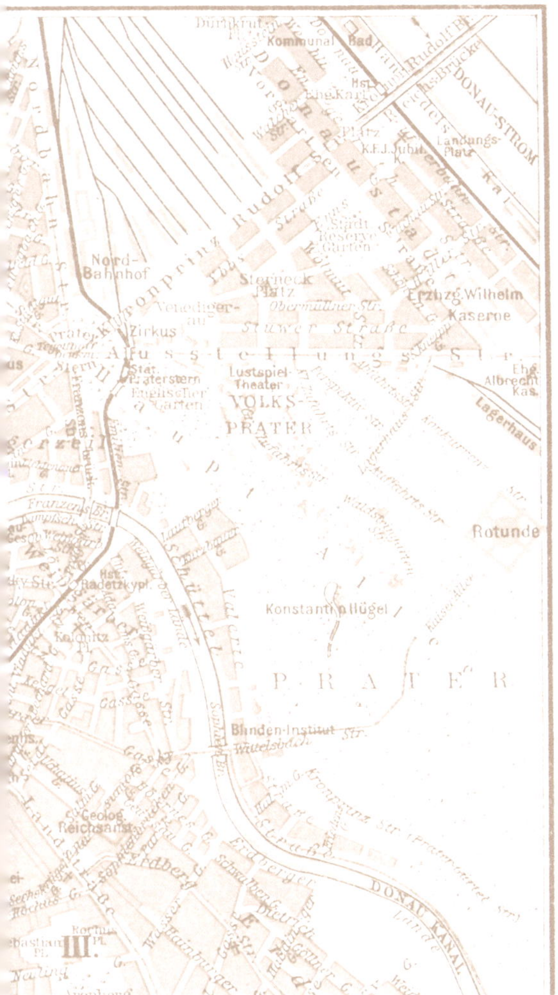

(Wien II) die Leopoldkirche. Während der Großwesir Achmed Köprülü in Ungarn noch mit kleineren Eroberungen beschäftigt war, komponierte Kaiser Leopold seine Musik zum Oratorium „Il sacrifizio d'Abramo", und zum 17. Geburtstag seiner Gemahlin 1668 wurde Marcantonio Cestis Oper „Il pomo d'oro" unter Beteiligung von mehr als tausend Sängern und Musikern gegeben. (Die Festlichkeit kostete insgesamt hunderttausend Reichstaler.) Die Türken trafen bereits ihre Vorbereitungen zur Belagerung Wiens, als der Hofprediger Abraham a Sancta Clara die leidenschaftlichsten programmatischen Reden der Gegenreformation hinausposaunte.

Doch auch nachdem Buda von den Türken befreit worden war, flossen die Segnungen des Reichtums nur spärlich. Was von Kanonenkugeln und Sprengbomben verschont geblieben war, das „zerstörten brandschatzende und vom Teufel der Verwüstung besessene Soldaten. Nachdem sich nämlich die Türken im Palast ergeben hatten und die wichtigsten Punkte der Burg von Wachen besetzt worden waren, hatten die Führer die Stadt für Plünderungen freigegeben. Schon zu Beginn des Marodierens brach Feuer aus, und durch eine explodierende Mine wurden zahlreiche Gebäude ein Raub der Flammen. Niemand freilich dachte daran, das Feuer zu löschen. Im Gegenteil! Nach Einbruch der Dämmerung wurde der Beutezug im Licht von Fackeln und Lunten fortgesetzt. Anderntags stand die Stadt bereits in Flammen, und im Laufe der Nacht steigerte sich der Brand zu einer wahren Feuersbrunst. Nur die Kirche des Königs Matthias widerstand den wütenden Elementen. Alsbald wehte über dem leidgeprüften Palast erneut das christliche Banner, doch die Befreiung von langer Unterdrückung war mit einer völligen Zerstörung des Burgviertels bezahlt worden." Der Bericht Árpád Károlyis, des hervorragenden Historikers, ist glaubwürdig. Auch andere Quellen bezeugen, daß zwischen den Trümmern des in Rauch gehüllten Buda streunende Hunde, verwundete Soldaten und Kriegsgefangene ihr kümmerliches Dasein fristeten. Da auch der Wiener Hof daran interessiert war, erholte sich Ofen allmählich, Pest jedoch versank in schrecklichem Elend. Nach der Zählung von 1696 waren nur 240 über das Bürgerrecht verfügende Personen, also kaum tausend Menschen, am Leben geblieben. Große Armut und Gefahren gehörten zur Normalität des Alltags. Zuerst wurden die Menschen von der Pest heimgesucht, dann von den Labanzen, Kuruzzen und anderen brandschatzenden Rotten. Die Volkszählung des Rats der Stadt vom Jahr 1712 wies insgesamt 141 Bürger aus. „Der größte Teil lebte in schrecklichster Armut, lediglich 48 von ihnen gingen einem Beruf nach." Die Heimsuchungen gipfelten im eisigen Hochwasser des Jahres 1712. „Die Häuser der Stadt stürzten ein; das sechs Tage lang wütende Wasser zerstörte die Saat in der Flur", klagt eine alte Quelle. Doch dem tiefen Abgrund des Elends folgte in den nächsten anderthalb Jahrhunderten ein märchenhafter Aufschwung.

Angesichts der beschriebenen Katastrophe stellt sich die Frage, welchen Faktoren Pest-Buda seine schnelle und erfolgreiche Entwicklung zu verdanken hatte, in deren Folge nicht nur seine Wirtschaft und sein früherer Ruf wiederhergestellt wurden, sondern die Metropole auch den Rang einer Hauptstadt verliehen bekam. Diese Frage ist um so berechtigter, als der Wiener Hof Ungarn nach der Befreiung von türkischer Besatzung 1686 eigentlich als zurückeroberte Provinz behandelte und die Neuordnung durch Massenenteignungen, Abschaffung der ständischen Verfassung und – entsprechend dem Muster Böhmens – durch Einverleibung des Landes ins Reich realisieren wollte. Auch die Stadt Wien wachte eifersüchtig über ihre Stellung und duldete nicht, daß sich eine rebellische Rivalin zur zweiten Hauptstadt entwickelte. Budapest war in Europa vielleicht das einzige Zentrum, das seinen Rang als Weltstadt und Hauptstadt nicht einer Herrscherdynastie zu verdanken hatte, sondern sich trotz des Absolutismus behaupten konnte. Der Stolz und das Selbstbewußtsein, der mit dem Wiener Hof und der Generalität der gemeinsamen Armee nicht sympathisierende, oppositionelle Geist der aus eigener Kraft entstandenen ungarischen Metropole sahen sich bis hin zu Kaiser Franz Joseph, bis hin zum Bau der Zitadelle von Buda, bis zum Ausbruch des Ersten Weltkriegs dem nicht schwindenden Mißtrauen der Habsburger ausgesetzt.

Mit dieser Feststellung ist uns allerdings noch keine Antwort auf die Frage gelungen, woher die Bürger von Buda und Pest ihre unverwüstliche Lebenskraft schöpften. Beginnen wir den Versuch einer Antwort mit der Geographie. Ein Blick auf die Landkarte genügt, um festzustellen, daß sich Buda und Pest mitten im Karpatenbecken befinden; nicht exakt in der geometrischen, sondern in der geographischen Mitte, wo das Mittelgebirge auf das Flachland stößt. Weiters ist zu sehen, daß die beiden Tiefebenen dieser Gegend durch die schmalen Täler zwischen dem Pilis- und dem Börzsöny-Cserhát-Gebirge und durch die Donau-Wasserstraße miteinander verbunden werden. Nach Transdanubien und zur Großen Ungarischen Tiefebene hin gewinnt die Donau bei Budapest an Breite. Die warmen Quellen, die Budapester Wälder, die Weinberge, das fruchtbare Pester Flachland und die von alters her bestehenden Handelsstraßen wirkten auf die Ureinwohner der Stadt äußerst anziehend. Die sich an beiden Ufern erstreckenden Siedlungen boten den Fährleuten, Schiffern und Fischern nicht nur wirtschaftliche Vorteile, sondern auch Schutz und gute Verdienstmöglichkeiten. So ist es kaum verwunderlich, daß Budapest schon im Mittelalter Residenzstadt war und vom 14. Jahrhundert an Hauptstadt des ungarischen Königreichs.

Die hervorragenden natürlichen Gegebenheiten und die günstige wirtschaftsgeographische Lage indes waren lediglich Voraussetzung für vielseitige Handelsmöglichkeiten, die von den Einwohnern Budas und Pests im Mittelalter gut genutzt wurden. Während der langen türkischen Herrschaft aber wurden diese Chancen eingeschränkt, die Handelswege änderten ihre Richtung. Die Kaufleute, vor allem Deutsche, verließen fluchtartig die besetzten Städte. Nach der Befreiung, in der Periode der Rekonstruktion, vergingen einige Jahrzehnte, bis die Deutschen zurückkehrten und sich auch Serben und Griechen niederließen.

Griechen wurden die aus dem Osmanischen Reich stammenden Kaufleute vom Balkan genannt, die als türkische Untertanen im levantinischen Zwischenhandel beträchtliche Vergünstigungen genossen. Zahlenmäßig waren sie in Buda und Pest nicht stark vertreten; selbst in der Zeit der Napoleonischen Kriege waren es nicht mehr als zwei- bis dreitausend. Ihr wirtschaftliches Gewicht allerdings war erheblich, da sie nicht nur im aktiven Außenhandel, sondern auch im Binnenhandel führende Positionen einnahmen. Sie legten die Grundlagen für den Aufkäufermarkt, gründeten Handelsgesellschaften und führten die Kreditformen des sich entfaltenden Kapitalismus ein: den Wechsel, die Hypothekenanleihe und die Aktie. Anfang des 19. Jahrhunderts ging ihre Stellung in die Hände des Judentums über.

Nach 1686 waren nur einige wenige jüdische Familien im befreiten Buda geblieben. Lange Zeit wurden sie durch Landesgesetze und städtische Rechtsvorschriften (im Grunde genommen auf eingefleischte Antipathien und Eifersucht zurückzuführen) in ihrer Entwicklung behindert. Im Verlaufe eines halben Jahrhunderts hatten sich lediglich einige Dutzend jüdische Familien in der Stadt niedergelassen. Erst dank des Toleranzpatents Josephs II. wuchs ihre Zahl an, und auch ihre Vermögensverhältnisse konsolidierten sich. Vom Feudaladel hatten sie schon bisher Schutz erhalten, und so war es auch in den nun folgenden Zeiten. Die Juden wiederum gewährten den Feudalherren Kredite, die jenen zum Nutzen gereichten.

Die bedeutendste Siedlung des Judentums entwickelte sich in Buda unter dem Schutz der Familie Zichy. Hier genossen die Juden Gewerbe- und Handelsfreiheit sowie eine gewisse Autonomie. Ihre Aktivitäten erstreckten sich auf Buda, Pest und Umgebung. Die Sternstunde des ungarischen Judentums war Anfang des 19. Jahrhunderts gekommen, als es ihm gelungen war, ein funktionierendes Handelsnetz auszubauen und seine Unternehmungen zur Blüte zu bringen. Die Volkszählung des Jahres 1851 wies in Ofen, Pest und Altofen siebzehntausend Juden aus, wovon fast 75 Prozent in Pest lebten. In der Pester Leopoldstadt machte ihr Bevölkerungsanteil 15 Prozent aus, in der Theresienstadt 27 Prozent. Dies ist ein deutliches Anzeichen dafür, daß die Hauptstadt eine rasche Entwicklung hin zum Bürgertum nahm. Der wirtschaftliche Schwerpunkt, die City, verlagerte sich in die Leopoldstadt, das Geschäftsviertel dagegen in die Theresienstadt. Hierin spiegelt sich natürlich auch der Sachverhalt, daß das jüdische Bürgertum im Aufwärtsstreben der Unternehmerschicht eine entscheidende Rolle spielte.

Die günstigen natürlichen und gesellschaftlichen Gegebenheiten allein hätten der Hauptstadt allerdings kaum europäischen Rang verleihen können. Die herrschende Ideologie der Zeit, die Aufklärung, und das Wohlwollen der Machtelite hatten hierbei ihren Anteil. Die Ära Maria Theresias und Josephs II. gewährte rationalen Argumenten Raum. Die höchsten Verwaltungsorgane und Gerichte, später auch die einzige Universität des Landes wurden nach Buda beziehungsweise Pest verlegt. Kurz vor seinem Tod genehmigte Joseph II. den Abriß der funktionslos gewordenen Stadtmauern, wodurch ein stürmisches Wachstum der Stadt Pest möglich wurde. Wichtiger als die Einsicht des Herrschers und dessen halbherzige Nachgiebigkeit aber war die Bereitschaft des ungarischen Adels, die Urbanisierungstendenzen zu unterstützen. Ende des 18. Jahrhunderts setzte der Zustrom der außerhalb der Stadtmauern lebenden Aristokratie und des wohlhabenden Landadels nach Pest ein. In der Reformzeit wurde es ausgesprochen Mode, daß die Aristokratie und der niedere Adel in der Umgebung des Nationalmuseums, in der Leopoldstadt oder auf dem Schwabenberg Paläste und Villen bauten. Ausschlaggebend für diese Sympathie der Elite für die Stadt waren gewiß die Kräfteverhältnisse, das nüchterne Abwägen der Vorteile und die jeweiligen individuellen Interessen. Schließlich lebten die reichen deutschen und jüdischen Unternehmer, Geldverleiher und Kaufleute in Pest, wo sich das erste Bankinstitut und die Börse befanden, hier konzentrierten sich die Wirtschaft und das öffentliche Leben der Reformzeit. Eine keineswegs geringere Bedeutung kam der Tradition zu. Für die überwiegende Mehrheit des ungarischen Adels verbanden sich Legalität und Kontinuität mit unabhängiger Eigenstaatlichkeit, wie sie vor der türkischen Eroberung bestanden hatte. Symbol für diese Eigenstaatlichkeit war das Buda des Königs Matthias. Der liberal-patriotische Adel, so traditionsverhaftet wie realitätsverbunden, entschied sich bewußt für das dynamische Budapest als Hauptstadt des modernen Ungarn. Dem Adel folgten Dichter, Schriftsteller, Künstler, Wissenschaftler, Universitätsprofessoren, die für die Schaffung einer nationalen Hauptstadt unentbehrliche geistige Elite. Hinter der Entwicklung Budapests zu einer europäischen Hauptstadt standen elementare Gewalten eines Modernisierungswillens, dahinter eine Verbürgerlichung des liberalen ungarischen Adels, die Magyarisierung der bürgerlichen Unternehmer sowie der Interessenausgleich dieser beiden Kräfte. Budapest war die bleibende Schöpfung, der räumliche Rahmen und der Beweis für die Vitalität dieses liberalen Bündnisses zwischen Adel und Bürgertum.

Der erstaunliche Aufschwung vermochte indes nicht über die Spuren der Armut jenes provinziellen Neubeginns sowie über die kulturgeschichtlichen Mängel hinwegzutäuschen. Das Barock hatte in der urbanen Entwicklung der Metropole keine Rolle gespielt. Die Kaiserstadt Wien war die Residenz eines großen Reiches: mit entsprechenden Ämtern, der Schatzkammer, den Palästen des österreichischen, böhmischen und ungarischen Hochadels, zu Reichtum gelangten Kaufleuten und Hofjuden, Botschaftern und Diplomaten, Künstlern, Sängern, echten und Pseudogelehrten, Spionen und Abenteurern, während Ofen und Pest noch eine Provinzstadt mit ebenerdigen Häusern, voller Staub und Schlamm, mit dominierender deutscher Sprache und deutschen Beamten war. Wien zählte schon Ende des 17. Jahrhunderts mehr als hunderttausend, hundert Jahre später mehr als zweihunderttausend Einwohner, während Pest und Buda noch zwanzig Jahre nach der Befreiung von 1686 nur vierzehntausend Einwohner hatten und selbst Ende des 18. Jahrhunderts lediglich um fünfzigtausend. Budapest blieb gerade in jenen zweieinhalb Jahrhunderten hinter Wien zurück, als die geniale Raumgestaltung, die prunksüchtige Eleganz und die visuelle Kultur der barocken Stadtarchitektur ihre Blütezeit erlebten. Und dies bedeutete nicht nur einige Dutzend architektonische Meisterwerke und Bühnenbild-Effekte, die durch ihre üppige Ornamentik ins Auge fielen, sondern auch die Kunst, dem unendlichen Raum eine endliche Form zu geben, die korrelative Beziehung zwischen Raum und Mensch zu erfassen. Der barocke Architekt erwies sich als Meister in der Kunst, geräumigen Plätzen ein menschliches Maß zu geben, während der Fürst und Lehensherr als Auftraggeber in Gärten, Parkanlagen und Lauben verliebt zu sein schien. Barocker Geist duldete keine monotonen und ungegliederten Straßen, keine grauen Steinblöcke und geometrische Unordnung; die Häuserzeilen wurden durch das Grün der Natur geschmückt. Davon zeugen Roms Plätze, Brunnen und Pinien, Wiens Parkanlagen, Gärten und Kirchen.

Natürlich erschöpfte sich das Barock nicht darin, wollte es doch nicht nur Stadtarchitektur und Kunststil sein, sondern auch Lebensart und Mentalität. Das Barock ist gleichzeitig die Ära der Gegenreformation, religiöser Andacht und Inbrunst, die Ketzerei und Heidentum nicht toleriert, jedoch menschlichen Schwächen der Rechtgläubigen nachsichtig begegnet. In der Toleranz gegenüber Prunksucht und Sinnlichkeit fand die religiöse Intoleranz eine gute Ergänzung, und mit der Zeit wurde diese Intoleranz auch durch die Aufklärung, die an den Höfen Einzug hielt, gelindert.

Das Bezugsmodell des Absolutismus war selbst in seiner letzten und aufgeklärten Form der Fürstenhof. Ordnungsprinzip des öffentlichen und des privaten Lebens war die Repräsentation, die auf allen Gebieten – in der Kirche, in der Gesellschaft, im intimen Privatleben – gleichermaßen übliche Theatralik. Wie auf der Bühne spielte ein jeder auch im Leben die gewählte oder ihm zugeteilte Rolle. Hieraus resultiert der Illusionismus barocker Mentalität, das Verschwimmen der Grenzen zwischen Schein und Sein.

Die Repräsentanten der neuen Zeit, die Oberschicht der emporstrebenden Bourgeoisie, neigten mehr dazu, die Barockkultur zu imitieren als sie zu zerstören, und zwar so lange, als Repräsentation und Theatralik nicht gegen den Geist des aggressiven Kapitalismus verstießen. In der Periode der rasant um sich greifenden industriellen Revolution und der den Kontinent erfassenden bürgerlichen Revolution aber ließen sich Lebensweise und Städtebau des Barock nicht mehr aufrechterhalten, weil sein herrschendes Prinzip – die Statusrepräsentation – Wirtschaftlichkeit, Gewinn und Vernunft untergeordnete Bedeutung zuschrieb.

Das 19. Jahrhundert brachte schließlich in der Stadtentwicklung von Pest-Buda eine günstige Wende. Die Stadtmauern waren ein gutes halbes Jahrhundert früher abgerissen worden, die dicht besiedelten Vorstädte verschmolzen bald mit der eng gewordenen Innenstadt, und der herrschende Stil der Zeit, der Klassizismus, zeigte sich hier sozusagen „klassischer" als in Wien, wo sich das politische Leben im Dämmerzustand befand und das bürgerliche Privatleben in die intime Welt des Biedermeier zurückzog. Der Städtebau geriet dort in den Hintergrund, die Artikulation bürgerlicher Lebenswirklichkeit fand vorwiegend in der Wohnkultur statt. Pest-Buda hingegen wuchs im Geist des nationalen Liberalismus heran. Der Klassizismus harmonierte mit der patriotischen Romantik, und beide Strömungen vertrugen sich mit städtebaulichem Rationalismus und ökonomischem Denken. Für die Führungsschicht der Stadt war die Bautätigkeit vor allem eine geschäftliche Aktivität. Der Stil der Architektur war von einem Nebeneinander puritanischer Ornamentik und raumbildender Elemente, hauptsächlich aber vom Prinzip des Nutzens bestimmt. Bleibendes Denkmal dieser zweifachen Motivation sind der klassizistische Mietspalast und in den Vorstädten das schmucklose Zinshaus ohne jeglichen Komfort. In Pest entstanden auf den einstigen Weidegründen keine Gärten, Parkanlagen und großen Plätze, sondern dicht bebaute Häuserzeilen, Zinskasernen, in denen sich viele Parteien drängten, und Fabrikviertel. Kunst, Literatur und Theater dienten dem sich verbürgerlichenden Adel und dem sich assimilierenden Bürgertum nicht eigentlich zu Repräsentationszwecken, sondern waren eher ein Instrument nationaler Erziehung.

Eine Unzahl von Daten beweist, was durch das visuelle Erlebnis einer oberflächlichen Stadtbesichtigung bekräftigt wird: Leitstern großstädtischer Existenz war für Budapest der nationale Liberalismus. Im 19. Jahrhundert setzte der schnelle Anschluß an Mitteleuropa ein, an den Rivalen in der Nachbarschaft. Während die Bevölkerung Budapests zu Anfang des Jahrhunderts nur 50.000 betrug (in Wien 220.000), wuchs die Stadt bis 1910 auf 1,1 Millionen (inklusive der Vorstädte), gegenüber zwei Millionen in der österreichischen Hauptstadt. Die bloßen Zahlen besagen allerdings wenig, denn zu Beginn des 19. Jahrhunderts wohnte die Budapester Bevölkerung in fast ebenso vielen Häusern (5600) wie viermal so viele Bürger in Wien (6600). Hinsichtlich der Höhe und der Qualität der Häuser konnte Pest-Buda also mit der Kaiserstadt nicht konkurrieren. Schon zu Anfang der Epoche waren drei Viertel der Wiener deutschsprachig, und ihr Anteil machte trotz massenhaftem Zuzug anderer Nationalitäten am Ende des 19. Jahrhunderts 85 Prozent aus. Die ungarische Hauptstadt dagegen wurde im ausgehenden 18. Jahrhundert zu zwei Dritteln, rund fünfzig Jahre später noch zur reichlichen Hälfte von Deutschen beziehungsweise von Deutschsprechenden bewohnt. Erst das Jahrzehnt nach der Jahrhundertwende brachte infolge einer massenhaften Assimilation eine ungarischsprachige Mehrheit von 86 Prozent. Neben ökonomischen und politischen Faktoren trug auch die stagnierende Urbanisierung Wiens dazu bei, daß Budapest aufholen konnte. Erst 1857 genehmigte eine kaiserliche Verordnung den Abriß der Wiener Stadtmauern und an deren Stelle den Bau der grandiosen Ringstraße. Die Kompensation des urbanen Aufschwungs setzte in den sechziger Jahren des vorigen Jahrhunderts ein, also nahezu zeitgleich mit dem österreichisch-ungarischen Ausgleich von 1867.

Der Wiener Ring, diese vier Kilometer lange und fast sechzig Meter breite Allee mit ihren imposanten Plätzen, Parkanlagen, öffentlichen Gebäuden und Wohnpalästen, ist ein Meisterwerk des Historismus. Auch heute noch wird darin das Ethos des selbstbewußten Bürgers der Gründerzeit spürbar. Auf die barocke Hofburg blicken zwei Neorenaissance-Museen, das an einen griechischen Tempel erinnernde Parlament und das gotische Rathaus. Einige hundert Meter von der Statue der über die Völker herrschenden Maria Theresia entfernt wacht Pallas Athene, die Schutzgöttin der Städte, über die Rechtsordnung. In der symbolischen Architektur des Rings bilden der bürgerliche Klassizismus und die Renaissance zum Barock der Herrschergewalt ein Gegengewicht oder ergänzen dieses, wie auch das Barock der Budaer Königsburg mit dem edlen Klassizismus und den Neorenaissance-Palästen auf dem gegenüberliegenden Pester Donauufer konfrontiert wird.

Abgesehen von dieser gemeinsamen Symbolik weicht die Wiener Ringstraße allerdings hinsichtlich ihrer wirtschaftlichen Funktion und gesellschaftlichen Struktur vom Budapester Namensvetter einigermaßen ab. In der Zeit der Fertigstellung des Wiener Rings gehörten 14 Prozent seiner Bewohner zu den oberen Zehntausend, 20 Prozent zu den Rentiers, zwei Drittel zum wohlhabenden Bürgertum, zur Schicht der höheren Beamten und der Intelligenz. Über ein derart genaues Pester Einwohnerregister verfügen wir nicht, doch die Rekonstruktion der Sozialstrukturen in einigen Häusern läßt Ähnlichkeiten lediglich auf dem Leopoldring wahrscheinlich erscheinen. In den anderen Gegenden dominierten das mittlere und das Kleinbürgertum, und auch die „kleinen Leute" waren auf dem Budapester Ring mit einem erheblich höheren Anteil vertreten als an der Wiener Ringstraße.

Noch mehr fallen die Unterschiede in den wirtschaftlichen Funktionen ins Auge. Der größere Teil des Wiener Rings, vor allem nördlich der Oper, wird von öffentlichen Gebäuden, Kreditinstituten, Unternehmenszentralen und großbürgerlichen Palästen bestimmt. Auf dem Budapester Ring gibt es lediglich zwei bedeutende Theater, doch im mittleren Abschnitt befinden sich einer der großen Bahnhöfe sowie eine Markthalle, und zahllose kleine Werkstätten und Geschäfte reihen sich dicht an dicht im Souterrain und in den Höfen. Der Wiener Ring war elegant; das Bild wurde bestimmt von Spaziergängern und Karossen, während der Pester Ring eher an die Atmosphäre eines Marktes erinnerte. Der Wiener Ring wurde an der Stelle der einstigen Bastei und des davor befindlichen Exerzierplatzes, des Glacis, errichtet und ersetzte gewissermaßen deren Funktion: Die Altstadt und die vereinigten Vorstädte, die Basis der bürgerlichen Entwicklung, wurden nicht miteinander verbunden, sondern voneinander getrennt. Der Ring ist in Wirklichkeit ein Grenzstreifen; keine einzige Radialstraße führt über ihn hinweg bis ins Zentrum der Innenstadt. Vom Planungsvorhaben an war der Ring Schauplatz der Repräsentation und diente nicht der Wahrnehmung moderner großstädtischer Funktionen, sondern dem Ausdruck von Geschichtlichkeit und Würde; er war eine architektonische Objektivierung des Kompromisses zwischen traditioneller Kaiserherrschaft und aufstrebender Bürgermacht. Der Pester Ring dagegen erfüllte Handels- und Verkehrsfunktionen, er vereinte die früheren inneren Bezirke und verband diese mit den sich schnell angliedernden Außenbezirken. Im Unterschied zu Wien kreuzen sämtliche von der alten Innenstadt nach Zugló, Kőbánya und Kispest führenden Radialstraßen den Ring. Und was im vergangenen Jahrhundert wenigstens ebenso wichtig war: verbunden wurden die überwiegend kleinbürgerlich geprägte und von Deutschen und Slowaken bewohnte Franz- und Josephstadt mit der jüdisch dominierten Theresienstadt und der bei der wohlhabenden Mittelklasse beliebten Leopoldstadt. Der Wiener Ring – darauf haben wir bereits hingewiesen – ist am ehesten mit der Pester Andrássy út zu vergleichen. Diese drei Kilometer lange Radialstraße, die mit einer kleinen Biegung von der Donau bis zum Stadtwäldchen reicht, sollte ursprünglich eine repräsentative Promenade für die aristokratische und großbürgerliche Gesellschaft sein. Im letzten Abschnitt finden sich auch imponierende Paläste und großbürgerliche Villen, doch insgesamt wurde die Straße vom reichen Bürgertum und der Intelligenz bewohnt. Nur ein Gebäude, die Oper, erhielt den Beinamen „königlich".

Die parallele Entwicklung der beiden Hauptstädte wurde im Verlauf der Geschichte oftmals gestört. Entweder schwächten sich die Unterschiede ab, oder aber sie vertieften sich. Doch wie kommt es, daß sich ein Budapester in Wien und ein Wiener in Budapest dennoch zu Hause fühlt? Die städtebauliche Konvergenz, die sich größtenteils in der Zeit der Doppelmonarchie durchsetzte, geht im Grunde genommen auf eine Ähnlichkeit in der politischen Struktur, die staatliche Einheit, die Wirtschaftsgemeinschaft und die verwandten Züge in der Kultur der führenden Schichten zurück. Herrschender Stil dieser Kultur war im vergangenen Jahrhundert der Historismus.

Die architektonische Grundstimmung in Wien und Budapest und überhaupt in der gesamten Monarchie wurde durch die Neorenaissance gegeben, durchsetzt von belebenden oder grellen neogotischen und neobarocken Farbtupfern. Es ist noch nicht lange her, daß es üblich war, diesen Stil der Primitivität des mangels schöpferischer Phantasie protzenden Großbürgertums zuzuschreiben, das demnach bestrebt gewesen wäre, die Armut seiner Innenwelt, seiner „Seele", mit Hilfe von Nachahmung, Äußerlichkeit und historisierender Formgebung zu verdecken. Diese konservativ-kulturkritische Psychologisierung ist allerdings ziemlich oberflächlich. Auf Budapest ist sie ohnehin nicht anzuwenden, zumal hinter dem Historismus derselbe gebildete, liberale Adel stand wie hinter dem Klassizismus. Auch läßt die konservative Erklärung außer acht, daß das 19. Jahrhundert, eben weil es sich als Formschöpfer hervorgetan hatte, Inspiration und Mut zur radikalen Erneuerung aus der Vergangenheit bezog. Historisierend also waren sowohl Herders wie Hegels Philosophie, Darwins Biologie wie die nationale Malerei und auch die gesamte Geschichtsschreibung.

Als Architekturstil hatte der Historismus seinen Triumph der Tatsache zu verdanken, daß er neben einer großen Freiheit der Formenkombinationen auch eine leicht faßliche visuelle Symbolik bot. Es entspricht eben der Wahrheit, daß die hervorragenden Architekten der Zeit alles bauen konnten und nichts sklavisch kopierten, sondern den alten Stilelementen kombinatorisch zu neuem Leben verhalfen. Der architektonische Historismus war also ein direkter Abkömmling des „Zeitgeistes", und der Zeitgeist wurde von der dominierenden Bourgeoisie gemacht und repräsentiert, von dem als „Parvenu" verspotteten Bürger, der bezüglich seiner Ahnen ein Neuling sein mochte, was aber seine Phantasie und schöpferische Intensität anging, keineswegs. Wie bereits erwähnt, kam im Wiener Historismus der Kompromiß zwischen traditioneller Macht und Bürgertum zum Ausdruck, während sich in Budapest die schwache Opposition zur barocken Macht darin zeigte, aber auch die Erinnerung an den berühmten Hof der Renaissance und gelegentlich auch an das Reich des Königs Matthias.

Wenn hinter dem historistischen Stil der Zeitgeist stand und hinter diesem die bürgerliche Entwicklung der Gesellschaft, das neue kapitalistische Bürgertum, dann können wir dies auch von der Kultur des Alltags sagen. Dieser Alltag, die Lebensart des Stadtmenschen, war vermutlich das wirklich verbindende Element zwischen den beiden Hauptstädten, ja zwischen allen Großstädten der Monarchie. Betrachten wir die amüsanten Bilder unseres Bildbandes! Zwillingshaft sich gleichende Bahnhöfe, Fiaker, Pferdebahnen, Straßenbahnen, Kasernen, Spitäler, Kaffeehäuser, Theater. Und dann der Prater, das Stadtwäldchen, Grinzing, Altofen, die Gasthäuser, Gartenlokale, Restaurants und Meinl-Geschäfte. Bekannte Gesichter lächeln uns an: schneidige Offiziere, Musiker, Zigeuner, Damen und Dienstmädchen beim Einkauf, Grafen und Kellner. Figuren der Vergangenheit tauchen auf: Dienstmänner, Hausierer, Zeitungsjungen, Wasserträger, Marktfrauen und Kesselflicker. Es ist vielleicht auf die Einstellungen der Photographen zurückzuführen, auf deren noch unerschütterten Fortschrittsglauben – oder vielleicht auf die täuschende Erinnerung? –, daß wir das Gefühl haben, diese Bilder vermittelten uns die Lebensfreude einer goldenen Friedenszeit.

Versuchen wir, den uniformen Rahmen der Wiener und Budapester Lebensweise irgendwie zu ordnen, so sehr die Photos auch für sich selbst wirken mögen! Worin kamen die fast schon symbolischen Ähnlichkeiten zum Tragen? An erster Stelle sei die Armee erwähnt, deren Kommandosprache, Dienstvorschriften, Lebensweise und Geist am ehesten von Gemeinsamkeit geprägt waren und in der Monarchie im Attribut des „k. u. k." zum Ausdruck kamen. Viele Millionen Menschen mehrerer Generationen erlebten das Soldatenschicksal, viele Städte genossen und erlitten die Vor- und Nachteile, die mit der Stationierung der Regimenter verbunden waren. Das Offizierskorps bildete eine echte Solidargemeinschaft, und die Rekruten und Reservisten waren durch zahlreiche Elemente einer exakt geregelten Gewohnheitskultur sowie durch ein Gefühl von Kameradschaftlichkeit miteinander verbunden.

Die Ähnlichkeiten in der Lebensweise und -qualität waren auch durch die technische Kultur der Industrialisierung in der Großstadt gegeben, eingeleitet vor allem durch die Eisenbahn, durch die Revolution des Verkehrs. Das annähernd fünfzigtausend Kilometer umfassende Schienennetz, von dem die Monarchie kreuz und quer durchzogen wurde, die vielen tausend ähnlichen Bahnhofsgebäude, Dampflokomotiven, das Heer der halbmilitärisch organisierten und uniformierten Eisenbahner gaben der Monarchie ein verändertes Gepräge. Die zunehmende Mobilität wirkte sich auf den Alltag ebenso stark aus wie früher die Postkutsche und um die Jahrhundertwende städtische Straßenbahnen und Omnibusse. Man bedenke: Noch vor hundert Jahren dauerte eine Reise von Ragusa nach Lemberg mit einmaligem Umsteigen in Wien gerade zwanzig Stunden; heute kann eine Fahrt von Dubrovnik nach Lwiw mit der Überquerung von fünf Grenzen zwei bis drei Tage beanspruchen.

Zur modernen Urbanisierung gehörten auch der Bau der städtischen Wasserleitungen und Kanalisation sowie die in Wien und Budapest beinahe gleichzeitig in Angriff genommene Modernisierung der Straßenbeleuchtung, der Stadtreinigung und des Gesundheitswesens. Die Wohnung im allgemeinen, im Fall der Mittel- und Oberschichten die Wohnkultur, war ein stark uniformierter Bereich der Lebensweise. Die als typisch zu betrachtende Mittelschichtwohnung nahm ein ganzes Geschoß ein und hatte meist L- oder U-Form. Die symmetrisch eingerichtete Intimsphäre, das Schlafzimmer, an das sich immer häufiger die revolutionäre Neuerung des Badezimmers und der Toilette anschloß, war vom übrigen Teil der Wohnung streng isoliert. Auch getrennte Eß- und Wohnzimmer gehörten zum Standard. Beide Räume wurden auch für Empfänge genutzt. Bei wohlhabenderen Familien wurde diese Dreiergliederung durch einen Salon, ein Kinderzimmer und unter Umständen durch ein extra Damen- beziehungsweise Herrenzimmer erweitert. Zur Wohnung führten ein dekoratives Treppenhaus und eine weniger ansehnliche Dienstbotentreppe, in Wien zumeist über einen geschlossenen Flur, in Budapest über einen offenen Gang. Vom Korridor aus gelangte man in die gut ausgestattete Küche, von dort in die Speisekammer und ins winzige Dienstmädchenzimmer. Die Anordnung und Einrichtung der Zimmer schienen ein und demselben Muster zu folgen. Bis zum Jahrhundertende war zumeist der Makart-Stil vorherrschend, danach mögen sich sowohl Wiener als auch Budapester in einer gemischten Biedermeier- und Sezessionsmöblierung gleichermaßen zu Hause gefühlt haben.

Für ein gesellschaftliches Leben allerdings war die übliche bürgerliche Wohnung nicht allzu geeignet. Diese fehlende Funktion übernahm das Kaffeehaus. In Wien und Budapest und vermutlich auch in anderen Städten Mitteleuropas spielte es eine besondere – heute würden wir sagen, eine multifunktionale – Rolle. Es diente der Einnahme von Mahlzeiten, der Zeitungslektüre, dem Informationsaustausch, dem gesellschaftlichen Leben, dem Karten- und Billardspiel, der Geschäftsverhandlung, der Musik und sogar dem Genuß von Kaffee. Es war als Arbeitszimmer und Redaktion zu nutzen, und auch Rendezvous fanden hier statt. In unserer Region entwickelte sich das Kaffeehaus zum organischen Bestandteil des Alltagslebens. Hier wurden der morgendliche Punsch und der Milchkaffee getrunken, und bis zum Morgengrauen waren Zigeunerweisen zu hören. Alle Altersstufen und Kreise des Bürgertums und der Intelligenz, alle Stammtische der Bohème fanden dort ihren Platz: Kaufleute aus der Innenstadt und Handwerker aus der Vorstadt, Ministerialbeamte, Historiker, Schriftsteller, Maler, Musiker, Schauspieler und sonstige Komödianten. Das Kaffeehaus der Jahrhundertwende ersetzte die griechische Agora, das römische Forum, die mittelalterliche Piazza, den Londoner Klub – und noch etwas: die verlorene Natur.

Ein großer Teil der Kaffeehäuser fungierte zugleich als Restaurant, gehörte also zum Gaststättengewerbe, in dem sich die Eßkultur der Monarchie spiegelte. Auf der Speisekarte verschmolzen die typischen Gerichte der verschiedenen Regionen und Nationen zu einem grandiosen und universellen Menü. Stets wurden auf der Speisekarte Wiener Schnitzel und Tafelspitz mit Apfelkren angeboten, Kesselgulasch, Fischsuppe, Paprikahuhn, Prager Schinken und Wildbret mit Knödel, Batschkaer Reistopf und Hammelkeulen, Sztrapacska und Ćevapčići, Brünner Mohnnudeln, Tiroler Knödel, Sacher- und Doboschtorte. Und natürlich die dazu passenden Biersorten, Landweine und nationalen Schnapssorten.

Verwandt mit dem Kaffeehaus waren das Orpheum, das Kabarett und das Theater. Hier nahmen die Kunstgattungen der Musik den ersten Platz ein. Unsere Musikkultur gelangte großenteils durch Wiener Vermittlung nach Budapest. Was die Kulturpolitik des Absolutismus nie zu erreichen vermochte, das realisierte sich im Musikleben ohne Schwierigkeiten: Deutsch wurde für lange Zeit zur gemeinsamen Arbeitssprache, so wie auch in der vielsprachigen Monarchie nur eine einzige gemeinsame Sprache existierte – die Musik: Oper und Sinfonie, Walzer, Polka, Csárdás, Kaffeehausmusik, Zigeunermusik und Militärmusik. Und die Königin der Musik, die Operette. Obwohl seine Wiege in Paris stand, erlebte das neue Musiktheater am Ende des vergangenen Jahrhunderts in Wien und zum Jahrhundertbeginn in Budapest seine Blütezeit.

Schon Franz von Suppés und Carl Millöckers Musik hatte in der Zeit des Ausgleichs von 1867 auch Budapest erobert, doch der eigentliche Durchbruch gelang erst den Walzern und Operetten von Johann Strauß. Während die „Fledermaus" im musikalischen Übermut einer abenteuerlichen Silvesternacht mit heiterem Optimismus die Friedenszeit begrüßte, versöhnte der „Zigeunerbaron", dessen Libretto Joseph Schnitzer nach einer Novelle von Mór Jókai geschrieben hatte, nach dem politischen Ausgleich durch ein österreichisch-ungarisches Potpourri die liberalen Gemüter der patriotischen Ungarn und der grantigen Österreicher. Fortan waren die Wiener und die Budapester Operette miteinander verbunden, und durch Franz Lehár und Emmerich Kálmán kamen später sogar richtige Koproduktionen zustande. Die „Lustige Witwe", Lehárs erster großer Erfolg, erneuerte die Operette nicht nur durch frische und erotische Musik, in der ein neuer Rhythmus auftrat, sondern auch durch eine Fabel, in der die hohe Politik und die Gesellschaft verspottet wurden. Mit seinem Humor, seinen kabarettistischen Einlagen und seinen schönen Varietédamen, die sich im wesentlichen in nichts von den emporgekommenen aristokratischen Damen unterscheiden, spiegelt Emmerich Kálmán mit österreichisch-ungarischen Themen und musikalischen Stoffen das Leben in den beiden befreundeten Hauptstädten. Und in den finsteren Tagen des Ersten Weltkriegs brachte die „Csárdásfürstin" einige Sonnenstrahlen in das deprimierte Wien und Budapest.

Nicht nur formal, auch funktional zeigte die Wiener und Budapester Operette gemeinsame und neue Züge. Obwohl sie mit Ironie und Humor niemals geizte, stand nicht die Kritik, sondern der Akzent des Ausgleichs im Vordergrund. Die Musik, die Tänze und die Figuren, die den geographischen Gegebenheiten und der ethnischen Zusammensetzung der Monarchie entsprachen, schufen etwas Universelles, einen Ohrenschmaus, der die Herzen höher schlagen ließ. Die Operetten waren geeignet, zumindest eine musikalische Integration der auseinanderstrebenden Völker der Region zu erreichen. Selbst die folgenden Jahrzehnte der Grausamkeiten vermochten daran nichts zu ändern. Die größten und beständigsten Ähnlichkeiten zwischen Wien und Budapest zeigten sich also in der ideologiefreien und apolitischen Kultur des Alltagslebens. In Zeiten nationaler Desintegration und scharfer sozialer Konflikte erwies sich diese Kultur als ein Faktor größter Toleranz. Traditionelle Elemente aus den Gewohnheiten der nicht allzu ruhmreichen k.u.k.-Armee, aus der Lebensweise und Mentalität der monarchistischen Aristokratie und der ungarischen Gentry wurden folkloristisch übernommen. Gewissermaßen intuitiv wurden die auch in unserer Gegenwart gültigen Muster des mitteleuropäischen Alltags geprägt.

In diesem Bildband begegnen wir im kaiserlichen Wien und im königlichen Budapest Straßen, Gebäuden und Menschen einer versunkenen Welt. Die Photos lächeln uns an, wir werden hineingezogen in hastige Geschäftigkeit und Vergnügungen verschiedenster Art. Einzelne Bilder können gestellt und gewählt wirken, die Atmosphäre des Gesamten jedoch nicht. Denn zeitgenössische Aufzeichnungen, Feuilletons und Artikel kommentieren und bestätigen das Material. In Ton und Stimmung überwiegen auch dort trotz gelegentlich scharfer Kritik Zuversicht, Freundlichkeit und Optimismus. Die Menschen der einstigen Friedenszeit, dessen können wir gewiß sein, waren ruhiger, versöhnlicher und kamen besser miteinander aus als die durch Weltkriege, Revolutionen, Diktaturen und Ausrottungen körperlich und seelisch verkrüppelten Geschöpfe in den letzten Tagen unseres Jahrhunderts. Weshalb? Wenn wir uns diese Frage stellen, hat der Bildband mehr als nur einige Stunden sorgloser Unterhaltung geboten.

(Aus dem Ungarischen von Hans-Henning Paetzke)

Wien bietet alles, was das anspruchvollste Herz nur verlangen kann. Es hat eine reizende Lage, an einem der größten Ströme Europas, bildet den Knotenpunkt zahlreicher Eisenbahnen, die dich nach allen Richtungen der Windrose tragen. Es hat die herrlichste Umgebung, Berg und Wald und Flur in nächster Nähe. Wien ist groß genug, um eine Weltstadt zu sein und doch nicht so groß, um das Heimgefühl in uns zu ersticken. Es ist kein unnatürlich großes Haupt auf schmalem Körper, wie London. Wien ist eine Residenzstadt und in ihr wohnt der Sprosse eines erlauchten Geschlechtes, das Jahrhunderte lang über Deutschland regierte. Wien hat herrliche Kirchen, prächtige Paläste, jetzt auch breite, teilweise schon mit Bäumen bepflanzte Straßen; ein reges, interessantes Volksleben entfaltet sich auf denselben. Handel und Verkehr ist großartig. Wien besitzt eine Menge reich ausgestatteter Galerien, Museen, Bibliotheken und wissenschaftliche wie Kunstsammlungen aller Art. Die schönsten öffentlichen Gärten, wie der ungeheure Prater, der liebliche Stadtpark, der Volksgarten, die herrschaftlichen Gärten, die Kindergärten laden in's Freie ein. Dazu kommen unzählige Gasthäuser, Bier- und Kaffeehäuser, damit der Hungrige sich sättige, der Durstige sich labe – freilich für sein gutes Geld! Musik fast überall, Wettrennen, Galafahrten. Im Winter Schlittagen und Schlittschuhfahrt. Theater, Singspielhallen, Tanzplätze in Hülle und Fülle. Und zu diesem Allen, für dieses Alles das freundliche, lebenslustige, gutmütige Wiener Volk. Wahrlich – Wien wär' ein Eldorado, wenn es ein solches überhaupt auf Erden gäbe. (…)
Wien hat aber doch seine Schattenseiten. Und zwar sehr bedeutende, das ist sicher. Es ist eben einer schönen, reizenden und liebenswürdigen Dame vergleichbar, deren Schwächen ihren Verehrern fast werter sind, als ihre Vorzüge.
So sei uns denn gegrüßt, du schönes, herrliches, einziges Wien! Sei uns gegrüßt, Stadt der Freuden und Vergnügungen, aber auch ernster, edler Strebungen, du Königin des Ostens, du Kaiserstadt an der blauen Donau!
Karl Landsteiner, o. J.

Panorama von Wien: Blick vom Turm des Rathauses auf das neue Burgtheater und die Innere Stadt, im Hintergrund der gotische Stephansdom. Um 1910

Dem Fremden, der Wien, die alte Kaiserstadt an der Donau, mit genießendem Auge durchschreitet, wird sie Schönheit im doppelten Sinne bieten, wie kaum eine zweite Stadt der Welt. Erinnerungsvoll umwehen die Schauer der Vergangenheit den Wanderer, künden die Zeugen längst versunkener Tage die Geschichte ferner Jahrhunderte, und hart daran grüßt die neue Zeit, mit ihrem reichen und blühenden Leben zwischen dem Alten hervorbrechend, in einer anderen, nicht minder reichen Schönheit. Vergangenheit und Gegenwart vermählen sich in wenigen Städten so eng miteinander als in Wien.
Paul Wilhelm, 1910

Budapest, du Maienstadt: es ist mir unmöglich, all deine Schönheit zu beschreiben. Auch mit dem Vergrößerungsglas könnte man deinen Liebreiz nicht ergründen, erfassen, feststellen und zu Papier bringen. Du bist wie eine seelenvolle schöne Frau, deren Züge einem lieb, bekannt und vertraut sind, aber nicht sie sind es, die betören, sondern irgendeine unnennbare Eigenschaft. Das Pathos ihres Duftes, der Duft ihres Pathos. (...) Auch mich hält diese Stadt gefangen, die ungestüme Umarmung dieser Frau, und ich beneide jeden, der sie noch nie sah, sie noch nicht kennt und sie erst sehen wird, zum ersten Mal vielleicht, jetzt im Mai .(...)

Doch was für ein Ganzes bildet diese Stadt! Eine Masse vielstöckiger, nahezu gleichförmiger Häuser, aus der monumentale Gebäude ragen. Sie ist bereits groß, doch man kann noch erkennen, wie sie groß geworden ist. Noch gibt es Gärten um die Privathäuser, noch gibt es kleine Häuschen und weite Höfe. Uralte Bäume lehnen sich an mit Plakaten gepflasterte gewaltige Feuermauern, von allen Seiten dringen Landhäuser in die Stadt ein, und vom eleganten Boulevard, der imposanten und vornehmen Andrássy út, zweigen kleine Gäßchen ab. Überall, wohin ich blicke, besitzt jeder Ort einen anderen Charakter, findet sich eine Orgie verschiedener Baustile. Bürgerhäuser sehen wie monumentale Paläste aus und umgekehrt, Villen wie Kirchen, und Kirchen ragen graziös, munter

und fröhlich empor. Manche Kirchen sind bereits fertiggestellt, doch hie und da wird noch gebaut, ich sehe, wie man die Kuppel, das Kreuz vergoldet. Eine Stadt, die heute ihre Kirchen baut! (Und nicht ihren Theatern hinzufügt!)
Das Stadtbild wird von vier eindrucksvollen Gebäuden beherrscht, dem gotischen Parlament, dem griechischen Museum, der italienischen Basilika und dem Renaissancetor des Zentralbahnhofs. Doch nicht sie verleihen ihm seinen Charakter, sondern diese frische, neue Farbe, die alles überzieht, von den Mauern der Palais über den Makadam bis zu den mit elektrischen Leitungen überspannten Hausdächern und Mietwagen, den Straßenbahnen und Gerätschaften. Als ob das Ganze in der Nacht zuvor entstanden wäre, mit seiner ganzen, vollkommenen Einrichtung: wie eine unbändige Phantasie, doch von fester Hand geschaffen.
Sándor Bródy, 1896

Panorama von Budapest: Blick vom Blocksberg über die in den 30er Jahren demolierte Raitzenstadt, auch Tabán genannt, und die Königliche Burg auf das links der Donau gelegene Buda und das rechts gelegene Pest. Photographie von Stengel & Co. 1902

LANCHID
Hunyadi János
A LEGJOBB
TERMÉSZETES
KESERŰVIZ.

Links: Die Franz-Josephs-Brücke (Ferenc József-híd) in Budapest, 1894-96 erbaut. Photographie von Stengel & Co. 1902

Oben: Die Donau in Budapest, im Hintergrund die Elisabethbrücke (Erzsébet híd), 1897–1903 erbaut, links der Blocksberg (Gellért-hegy). Photographie von Rudolf Balogh. Um 1910

Budapest wird „Stadt der Brücken" genannt. Daran ist etwas Wahres. Wenn man die Donau entlanggeht, sieht man die Brücken nebeneinander aufgereiht, eine schöner als die andere. Besonders abends, wenn Raum und Dimension nicht mehr genau erkennbar sind, wenn man die Sterne oft mit Straßenbahnlampen verwechselt, hat es den Anschein, als ob die Brücken über der dunkel dahinfließenden Donau die ganze Stadt tragen würden. Die Margareteninsel scheint ein Floß unter der Margaretenbrücke zu sein. So betrachtet, ist es einleuchtend, daß Budapest die „Stadt der Brücken" ist.
„Budai Szemle", 1906

Wie imposant, wie schön ist unsere erhaben dahinfließende Donau! Außer der anmutigen Schönheit ihres von Hügeln gesäumten rechten Ufers bietet sie frische, ozonreiche, kräftigende Luft, und ihre gewaltige Wasserfläche ist die billigste Verkehrsstraße, die unseren Wohlstand wirksam heben könnte. An heißen Sommertagen können wir in ihre kühlen, gesundheitsspendenden Wellen tauchen, und auch ihr Fischreichtum gereicht unserem Gaumen zur Freude. Und wenn die berückende Sommernacht sich niedersenkt: wo gibt es einen erfrischenderen, angenehmeren Platz als neben dem kühlen Wasser des Flusses? (...)
Was würden Paris, Berlin, Wien oder Rom für einen solchen Fluß geben und ein solches Ufer, wie es das unsrige ist?
„Budai Hírlap", 1906

Wichtig vor allem sind die Beziehungen des großen Stromes, der nicht nur mit der Entwicklung der Stadt, sondern auch mit dem Leben und Fühlen ihrer Bewohner aufs innigste verknüpft ist. Von Chronisten des Mittelalters gepriesen als Lebensader des Landes, verklärt in den Gesängen des Nibelungenliedes, das an ihren Ufern in die letzte Form gegossen ist, tausendfach verherrlicht in Wort und Bild, ist die Donau dem Österreicher, dem Wiener ein Teil seines eigenen Selbst geworden, das er von seiner Heimat, von seiner Vaterstadt nicht hinwegdenken kann. (...)
Trotz der engen Beziehungen, welche Wien und seine Bevölkerung seit Anbeginn mit der Donau verknüpften, wird die Physiognomie der Stadt viel weniger von dem Strom beherrscht, als dies bei anderen Donaustädten, wie Passau, Linz und besonders bei Budapest der Fall ist.
Eugen Guglia, 1908

Oben: Ruderer an der Donau in Wien, im Hintergrund die Nordbahnbrücke, 1872-74 erbaut. Photographie von Bruno Reiffenstein. Um 1910

Rechts: Der Wiener Donaukanal mit der Stephaniebrücke (heute Salztorbrücke), 1884/85 erbaut; im Vordergrund das Hotel Métropole am Franz-Josephs-Quai - Ecke Morzinplatz. Um 1895

Links: Die Matthiaskirche in Budapest. Die einfache mittelalterliche Kirche wurde 1873–1896 im Stil der Spätgotik erneuert. Photographie von Mór Erdélyi. Um 1900
Gegenüberliegende Seite: Der Stephansdom in Wien. Photographie von August Stauda. Um 1900

Oben: Ungarische Generäle bei der Sankt-Stephans-Festprozession. Rechts im Vordergrund der ungarische Verteidigungsminister Baron Samu Hazay, Photographie von Oszkár Kallós. 1913

Gegenüberliegende Seite: Kaiser Franz Joseph und sein Gefolge bei der Fronleichnamsprozession, im Vordergrund links und rechts Mitglieder der Ungarischen Leibgarde im Pantherfell, in der Mitte eines der Leibgarde-Reitereskadron. 1908

In der Nähe des Burgtores sieht man zur Mittagszeit allerhand interessante und glänzende Erscheinungen. Zunächst kommt ein Zug der Trabanten-Leibgarde des Weges: stattliche Gestalten, die wegen der warmen Frühlingsluft ihren Mantel zu Hause gelassen haben und im roten Waffenrock mit blinkendem Silberhelm, überwallt von weißem Roßhaarbusch, kerzengerade mit der Hellebarde feierlichen Schrittes einhergehen. Aber es kommt noch viel schöner. In schweren Karossen, gezogen von majestätischen Andalusiern, deren Kopf beständig nickt und deren dicker Schweif fast bis auf den Boden hinabwallt, sitzen die Herren von der deutschen und von der ungarischen Garde, die ersteren in Rot und Gold, die letzteren in Rot und Silber und überdies mit einem Pantherfell. Es ist großartig. Mehr kann man doch in der Frühlingssonne nicht verlangen.
Johannes Ziegler, 1897

Welche Gemütsbewegung, welches Aufschauen, welche Augenweide, wenn die Hofwagen zum Vorschein kommen und wenn es heißt: „Der Kaiser kommt!" Er zieht, der Erste unter dem Himmel, freilich nicht mit Krone und Scepter einher, sondern geht barhaupt im schlichten Soldatenkleid, das er auch in trüben Tagen nicht verleugnet hat, und so auch die kaiserlichen Prinzen, aber sein Gefolge, die Minister, die Geheimräthe, die Garden entfalten in Gold und Farbe erlesene Pracht, und dieser edle, strotzender Überfülle abgeneigte Geschmack erstreckt sich auch auf die Hofwagen: manch eine hocharistokratische Equipage ist mehr „aufgedonnert". Die Auffahrt des Hofes ist gleichwohl ein Hauptaugenmerk des versammelten Volkes, das dicht gedrängt die Tribünen einnimmt, welche den Processionsweg säumen…
Hans Grasberger, 1895

Wer vor drei Jahren, vom Kohlmarkte kommend, dem Ring zustrebte, dem bot sich auf dem Michaelerplatz ein wohltuend anheimelndes Bild. Er sah das alte Burgtheater im linken Winkel mit dem „historischen Beutel", auf dem der berühmte Mime der alten Schule gesessen, rechts die Häusergruppe mit der Demel'schen Hofzuckerbäckerei und dem Kunstladen und anschließend daran das hohe Fächerfenster der Hofburg, auf dem sich das schiefe Ziegeldach aufbaute. Es war ein harmonisches Stück Alt-Wien. (...) Wie rasch ist es anders geworden in der Umgebung des alten Hoftheaters, das für viele der jüngeren und älteren Generation so selige Erinnerungen in sich schließt! Wer heute vom Graben kommend, dem neuen Burgtor zu schreitet, dem bietet sich ein neues Bild voll kaiserlicher Pracht und künstlerischem Glanze. Die Sonnenstrahlen fallen auf eine mächtige, vergoldete Kuppel, deren kühn aufgetürmtes Rund herniedergrüßt, ein neues Wahrzeichen des neuen Wien.
„Neue Freie Presse", 1893

Unten: Das Neue Burgtor im Michaelertrakt der Hofburg in Wien. Photographie von August Stauda. Um 1895

Rechts: Der neue Trakt der Budapester Königlichen Burg mit der Habsburgerstiege. Photographie von Mór Erdélyi. 1900

In ganz Europa gibt es auf einem Gebiet von der Größe Ungarns nicht so wenige königliche Schlösser wie bei uns. Der englische König, der russische Zar und der italienische König besitzen eine ganze Reihe von Palästen. (...)
Auch der österreichische Kaiser hat deren viele. Vielleicht hat gerade deshalb der ungarische König so wenige. Zwischen Karpaten und Adria gibt es keinen anderen wahren Königspalast – jener in Gödöllö ist bloß ein Schloß – als jenen in der Burg von Buda. Doch auch wenn er der einzige ist, empfinden wir das nicht als gering. Nicht nur deshalb, weil bei diesem einen die Fenster öfter dunkel als erleuchtet sind; vielmehr deshalb, weil es auch in Ländern, in denen man am Rande jeder größeren Stadt oder in deren Mitte einen Palast errichtet hat, kein gewaltigeres, schöneres Königsschloß als dieses gibt. Seine Lage, seine Größe sind ohnegleichen, die Einrichtung ist phantastisch. Die Wiener Hofburg, das Berliner Schloß, der Quirinal in Rom stehen inmitten des lärmenden Getriebes der Stadt, unser Schloß erhebt sich auf dem Scheitel des Burgberges wie die Krone von Budapest. Schon seine Lage ist eine solche, daß gar kein anderer darin wohnen könnte als ein König. Und dieser kann ihn dann auch wahrlich bewohnen.
Die Pracht des Budaer Burgschlosses zu beschreiben wäre überflüssig. Ein solches Bild kann man nicht mit Tinte malen.
„Vasárnapi Ujság", 1907

Bis jetzt hat er gekämpft. Nun ist die Schlacht entschieden. Die Türken sind geschlagen. Der kleinere Teil eilt samt Sultan in Richtung Temesvar, der größere ließ seine Waffen auf der Ebene von Zenta. Dies war ein schwerer Tag, der die Zukunft ganz Europas entschied. Auch bisher hatte man von Zeit zu Zeit die Türken besiegt, doch nun lagen sie am Boden.
(…) Gerade in diesem Augenblick bringt er sein Roß zum Stehen. Die Wildheit der Schlacht ist noch in dem Tier, aber es gehorcht seinem Reiter. Und dieser richtet sich in seinen Steigbügeln auf und schaut um sich. „Das haben wir gut gemacht!" steht in seinem Gesicht geschrieben. Er sieht nicht nur das, was damals Gegenwart war; sein Blick bohrt sich in die Zukunft und zerreißt den Schleier, der sie verdeckt. Er spürt es, daß er an diesem Tag Gefährte der Unsterblichkeit wurde. Er weiß, daß eine Welt zerbrach, die erst jetzt eine Zukunft besaß, und daß er eine Welt rettete, die noch lange nicht zugrundegehen darf.
„A Hét", 1899

Links: Reiterstandbild des Prinzen Eugen im Schloßgarten der Königlichen Burg in Budapest, mit Blick auf die Kettenbrücke (Lánchíd) und Pest. Photographie von Rudolf Balogh. Um 1900

Unten: Reiterstandbild des Prinzen Eugen auf dem Heldenplatz vor der Neuen Hofburg in Wien. Photographie von Martin Gerlach. Um 1910

Oben: Triumphbogen anläßlich der Feiern zum 25jährigen Krönungsjubiläum Kaiser Franz Josephs zum König von Ungarn in Budapest am 6. Juni 1892

Rechts: Der Stock-im-Eisen-Platz mit dem Blick auf den Graben, im Vordergrund das 1866 erbaute Warenhaus Philipp Haas & Söhne (heute Hollein-Haus), das zu Kaiser Franz Josephs 70. Geburtstag festlich geschmückt ist. Photographie von M. Manenizza. 18. August 1900

1830
1900
ARZT

Gegenüberliegende Seite: Feier zum 60. Geburtstag von Bürgermeister Karl Lueger vor dem Wiener Stephansdom. Photographie von Rudolf Lechner. 1904
Rechts: István Bárczy, Bürgermeister von Budapest, zu Besuch in Wien. Photographie von Gyula Jelfy. 1914

Und nun hat er Wien so aufgerichtet als eine Art von Königtum mitten in Österreich. Dutzendweise wurden die kleinen Ortschaften, welche Wien umgürteten, von dem großen Gemeinwesen verschlungen. Das ist jetzt, vom Marchfeld bis zur Sophienalpe, nur mehr eine einzige Stadt: Wien. Und in dieser Stadt ein einziges Haupt: Lueger, der Bürgermeister. Er nahm die Straßenbahnen, die Gaswerke, das elektrische Licht, die Leichenbestattung, die Spitäler. Wasser und Feuer, Leben und Tod gehört seiner Stadt. All dies lag freilich in der Entwicklung, hätte auch unter einer andern Verwaltung so kommen müssen. Aber er nahm diese Dinge, unter lauten pathetischen Proklamationen, er nahm sie, wie man eroberte Provinzen einnimmt, und er schuf aus all diesen Besitztümern neue Werkzeuge seiner Macht. Wo die Straßenbahn hingeführt wird, das elektrische Licht, die Wasserleitung, da steigen in den entlegensten Gegenden die Bodenpreise, hebt sich der Wohlstand. Treue Bezirke können belohnt, unsichere gekirrt, treulose bestraft werden. Die Stadt, die so viele Betriebe in ihrer Hand hält, herrscht über eine Armee von Dienern, Arbeitern, Beamten, Lehrern, Ärzten und Professoren, herrscht durch tausendfach verknüpfte Interessen weithin über die Gesinnungen, und allen ist der Bürgermeister, von dem sie abhängen, wie ein Monarch.
Er arbeitet denn auch mit einer vollkommenen monarchischen Technik. Sein Bild ist überall. In den Amtslokalen, in den Schulzimmern, in den Wirtshäusern, in den Theaterfoyers, in den Schaufenstern. Sein Antlitz ist den Wienern beständig so gegenwärtig und eingeprägt wie das Antlitz des Kaisers.
Felix Salten, 1910

Bárczy István, der Bürgermeister, ist ein wahrer kleiner König dieser Stadt. Heute ist er der populärste Bürger Budapests. Seine märchenhaften Erfolge haben ihn bald auf die Schultern des Publikums gehoben. (...) Als Mensch gehört er zu den Liebenswürdigsten. Er ist einfach und feinfühlig. In seinen Augen gibt es keine vornehmen und keine kleinen Leute. (...) Seine Popularität nimmt es mit der einiger Wiener Bürgermeister auf, mit der Beliebtheit sogar von Lueger. Doch der Unterschied zwischen Bárczy und Lueger ist der, daß Bárczy jung, modern und von liberaler Gesinnung ist.
„Budapest írásban és képben", 1912

Imre Steindl ist eine der bedeutendsten künstlerischen Persönlichkeiten jener Architektengeneration, mit deren Wirken der Ruhm verbunden ist, das heutige Budapest aufgebaut zu haben. (...)
Als Gipfel seiner bisherigen Laufbahn gilt jedoch der Auftrag, das Parlament zu bauen. Bei einem Wettbewerb konnte Steindl mit seinem Projekt unter zwanzig Bewerbern den Sieg davontragen. Diese Aufgabe forderte ein ungewöhnlich hohes Maß an Fachkenntnis und Schöpferkraft. Auf der Grundlage der mehrfach abgeänderten Pläne wurde am 13. Oktober 1885 mit dem Bau des Parlamentsgebäudes begonnen. Es dauerte siebzehn Jahre, bis dieses größte öffentliche Gebäude Ungarns sowohl in seiner äußeren als auch inneren Pracht fertiggestellt war und seiner

Links: Ungarische Magnaten im ungarischen Galaanzug vor der Matthiaskirche. 1907
Rechts oben: Das Parlament in Budapest. Photographie von Mór Erdélyi. 1904
Rechts Mitte: Der ungarische Ministerpräsident Sándor Wekerle (vorne) und der österreichische Ministerpräsident Max Vladimir Freiherr von Beck nach der Messe am Namenstag Franz Josephs I. vor der Matthiaskirche in der Budaer Burg. Photographie von Gyula Jelfy. 1907
Rechts unten: Das Parlament in Wien. Um 1900

Bestimmung übergeben werden konnte. Das majestätische Gebäude mit der kühnen Kuppel am Ufer der Donau ist einer der bestimmenden Punkte des Panoramas von Pest und zugleich eine der bedeutendsten architektonischen Sehenswürdigkeiten der Hauptstadt. Mit seinem spätgotischen Stil symbolisiert das Parlament würdig die von alters her überlieferte ungarische Verfassung, mit seinen pompösen Verzierungen den Fortschritt des ungarischen künstlerischen Geschmacks. Das Bild des imposanten Gebäudes lebt heute bereits in der Seele eines jeden Madjaren, als einer jener Eindrücke, die er bei der Betrachtung der Gebäude Budapests gewinnt.
„Vasárnapi Ujság", 1902

Links oben: Die Pfarrkirche Maria vom Siege in Wien XV., Mariahilfer Gürtel, erbaut von Friedrich Schmidt. Um 1905

Links unten: Das Budapester Parlament von der Géza utca (heute Garibaldi utca) gesehen, 1885–1905 erbaut von Imre Steindl. Photographie von Mór Erdélyi. 1904

Gegenüberliegende Seite
Unten: Pfarrkirche im VII. Bezirk von Budapest, erbaut 1895–1901 von Imre Steindl. Um 1910
Rechts: Die Votivkirche, erbaut 1856–1879 von Heinrich von Ferstel. Photographie von Stengel und Markert. 1895

Der Bau einer Kirche ist heute, im Jahre 1900, … eine schwere und undankbare Aufgabe. Die Kirche ist, wie auch der Glauben, eine Tradition, doch haben wir kein Vertrauen zu einer Tradition, die von uns ausgeht (…).
Die Tradition der häßlichsten alten Kirche ist mehr wert als die vergoldete Decke der schönsten neuen Kirche, so wie auch in unserer Seele eine unserer ererbten Eigenschaften mehr bedeutet als alle erworbenen Tugenden. Auch eine Kirche, möchte ich meinen, muß Ursprünglichkeit besitzen, sie muß ein Erbe haben, dessen Mystizismus, Herrlichkeit und Kraft wir noch mit dem Herzen eines Kindes entdecken. Dabei muß jener Baumeister, der sich dazu entschließt, diese Eigenschaft im nachhinein zu erschaffen, nicht nur auf das Fundament bauen, sondern auch in unsere Seele. Der Kirchenbauer muß ein Dichter sein, der bezaubert, kein Mathematiker, der überzeugt, so wie auch Moses, Mohammed und Jesus Christus Dichter waren und keine Mathematiker.
Dies sind die Probleme des Kirchenbaus der Neuzeit, die auf unterschiedliche Weise bewältigt werden können. Da gab es jene, die sich selbst als moderne Menschen bezeichneten und die Gläubigen nicht täuschten: sie waren es, wie das Beispiel von Otto Wagner zeigt, die ihre Kirchen im rationalen Stil der Mietshäuser bauten. Dann gab es andere, die den Versuch unternahmen, Dichter zu sein, die Inspiration, Allegorie, Phantasie in das Kirchenschiff bauten. Und dann gab es Dritte, die darangingen, diese beiden entgegengesetzten Anschauungen zu verbinden. Zu ihnen gehört auch Imre Steindl, der die neue Kirche von Erzsébetváros schuf.
„A Hét", 1900

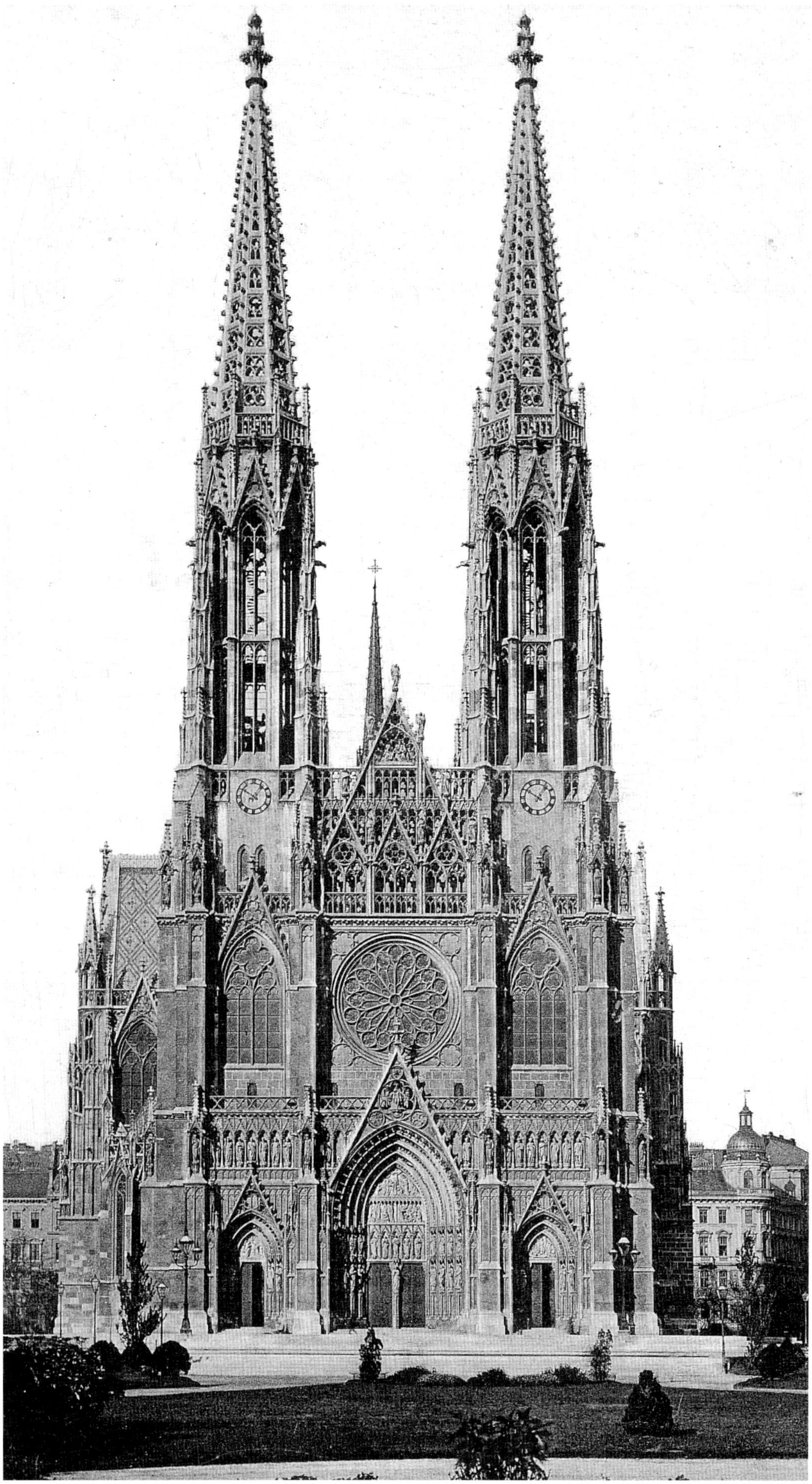

Die Fremden waren sprachlos: So etwas hatten sie noch nie gesehen. Selbst die Ungarn hätten nicht zu glauben gewagt, daß der Huldigungszug so schön sein könnte. (...) Man hatte das Gefühl, als seien unsere Vorfahren aus dem Grabe auferstanden und an uns vorbeigezogen, als sei die ganze ungarische Geschichte vorbeigeschritten, inmitten eines Meeres der Vielfalt.
Doch was und wie es sich abspielte, das kann niemand nachvollziehen. Dabei hatte man sie doch auf diesen Umzug gehetzt, die „Schergen" der modernen Zeit, die Photographen, an hundert Stellen der Stadt. (...) Doch was habt ihr davon, wenn ihr nicht mit eigenen Augen die vorsprengenden Kumanen gesehen habt, auf ihren kleinen Pferden, in ihren schlichten Dolmanen; die Recken des schwarzen Heeres des Matthias; die Nograder in ihren roten Dolmanen, in den schwarzen Husarenpelzen; die Kronstädter Sachsen in ihren Gewändern aus der Zeit des Sigismund Báthory; die Zipser Lanzenreiter vom Schlage eines Rákóczi in ihren Kettenpanzern; die Mannschaft des Komitats Abauj aus der maria-theresianischen Zeit gepuderter Perücken (...). Und dann noch die Schildknappen, die Kammerjunker, die Pferde, die Werkzeuge und all das andere...
Kálmán Mikszáth, 1896

Heute war das Schauspiel einer Vereinigung von Männern und Frauen fast aller Nationalitäten an einem Punkt und in einem Zweck zu sehen. Ein Schauspiel, aber ach, ein Schauspiel nur. Aber doch ein solches, das alle Blicke und Sinne an sich riß, das von allen Seiten bejubelt wurde und das für Wien vielleicht eine kleine Anschauungslehre in der Vaterlandkunde bedeutet hat. Wer hat näheres von den Huzulen gewußt, den braunen Reitern mit den phantastischen Umhängen, wer hat die polnischen, ruthenischen Typen genauer gekannt, die Rumänen, die Großrussen, die Lipowaner, die alle in der kleinen Bukowina wohnen? Das alles ist Österreich ...
Österreich ist jedoch ein Staat, der verschiedene Nationen zur politischen Einheit in sich schließen muß, wenn er bestehen will, und dessen Existenzbedingung diese Vereinigung ist, die heute im Festzug sinnfällig wurde. Aus dem Festzuge konnte Wien Jahrhunderte der österreichischen Geschichte und Jahrzehnte österreichischer Politik verstehen lernen. Das Bild der Nationalitäten in ihrer schönen Vereinigung wird aber nicht ganz aus der Erinnerung verschwinden. So ausschließlich sie war, so schwerwiegend zeigt sie die Notwendigkeit der inneren Einigung. Der nationale Friede ist die Sehnsucht aller, der nationale Hader zerstört die Kultur.
„Neue Freie Presse", 1908

Links: Der Millenniumsfestzug in Budapest am tausendsten Jahrestag der ungarischen Landannahme, 6. Juni 1896

Oben: Der Kaiser-Huldigungsfestzug (Gruppe 13: „Zeit Joseph II. Ländliches Fest. Ernte und Weinlese", gestaltet von Bertold Löffler und seinen Schülern Oskar Kokoschka und Josef Divéky) zum 60jährigen Regierungsjubiläum Franz Josephs I. in Wien. 12. Juni 1908

Die Wirkung dieser kolossalen Statue auf ihren Betrachter ist nicht niederdrückend, sondern erhebend. Der Gesichtsausdruck ist nicht der der kalten, sondern der gütigen Hoheit, in die offenen Augen scheint in jenem Augenblick, da unser Blick auf ihnen ruht, Licht zu treten, und die Wärme dieses Lichtes ist zu spüren. (...)
Der Dank der Nation gebührt einem solchen Manne, der in seinem ganzen Leben keinen einzigen Kreuzer als Belohnung seiner Dienste annahm. (...)
Zusammen mit ihrem Sockel ist die Statue vierzehn Meter hoch. Sie stellt Deák auf einem Stuhl sitzend dar. Seine linke Hand ruht auf der Armlehne des Stuhls, seine rechte hält er mit erklärender Geste vor sich. Die Knie sind von einem in weiten Falten heruntergleitenden Tuch bedeckt. Die geöffneten Augen verleihen dem Gesicht lebendigen Ausdruck. (...) Zu den vier Seiten des Sockels befinden sich die Nebenfiguren: Wahrheit, Volksbildung, Patriotismus und Ausgleich. (...) Wir wollen uns an dieser Stelle nicht weiter mit dem künstlerischen Wert der Statue befassen. Aber wir sind stolz, daß unsere Heimat einen solchen Sohn hatte, und daß ein solches Denkmal sein Andenken verewigt.
„Ország-Világ", 1887

Unter den zahlreichen und wahrhaft schönen Denkmälern auf den öffentlichen Plätzen der Kaiserstadt sind es vier davon, die der Meisterhand Caspar von Zumbuschs entstammen. Sein Name ist mit der Verschönerung Wiens im innigsten Zusammenhang und noch nach Jahren, wenn die kühle Erde unsere Generation decken wird, werden seine Schöpfungen noch bestehen und die Gestaltungskraft des Meisters verherrlichen. (...)
Aber ein Werk von ganz epochaler Bedeutung hat Zumbusch in dem Maria-Theresien-Denkmal geschaffen. Er hat die Absicht, die große Kaiserin und Königin und ihre Zeit darzustellen, mit glücklicher Hand gelöst. Mit kaiserlicher Entschließung vom 19. Mai 1875 wurde er mit Ausführung dieses Werkes betraut, der Erfolg eines Konkurrenzwettstreites, in dem er gegen Kundmann und Benk Sieger blieb. Ganz ungeahnte Größenverhältnisse kamen bei der Ausführung dieses Denkmals zur Verwendung. So mißt die sitzende Figur der Kaiserin 6 1/2 Meter, das Scepter, das sie in der Hand hält, hat eine Länge von 3 1/2 Meter und im proporzionellen Verhältnisse stehen die übrigen Figuren. Am 13. Mai 1888 wurde das Denkmal im Beisein des Kaisers und des Hofes feierlichst enthüllt. In imposanter und vornehmer Ruhe und Hoheit steht es zwischen den beiden Hofmuseen, die ihm einen würdigen Rahmen bilden.
„Österreichische Illustrierte Zeitung", 1900/1901

Gegenüberliegende Seite: Denkmal des ungarischen Vorbereiters des Ausgleichs zwischen Österreich und Ungarn, Ferenc Deák in Budapest. Um 1890

Oben: Denkmal der Kaiserin Maria Theresia zwischen den Hofmuseen in Wien, im Hintergrund die Hofstallungen. Um 1905

Links: Der Wiener Karlsplatz mit der (1897 abgerissenen) Elisabethbrücke, im Hintergrund die Karlskirche. Photographie von August Stauda. Vor 1897

Gegenüberliegende Seite: Die Kettenbrücke (Lánchíd) mit der St.-Stephans-Basilika. Photographie von Károly Divald. 1910

Das Bild der Karlskirche, die ihre vielen Gipfel scharf in den blauen Himmel zeichnet, ist zu herrlich, und sie wird jetzt mit jedem Tage heller, die Gerüste sinken, ihre Renovierung ist bereits weit vorgeschritten. Wenn man näher hintritt, entdeckt selbst der Laie Dinge, die früher unsichtbar waren, die in der Patina von zwei Jahrhunderten untergingen. Und das lockt zu verweilen.
Man kommt aber nur schwer los von dem Gesamteindruck dieser Kirche, es fesselt an ihr immer das Ganze, das Monumentale, das Große. Die mächtige, von den hochstrebenden beiden Trajanussäulen flankierte Kuppel – unauslöschlich bleibt dieses Bild haften im Geiste des Beschauers. Und wie sie genial hingestellt ist auf ein erhabenes Gebiet, auf eine Anhöhe, zu der man auf einem Dutzend breiter Steinstufen emporsteigen muß, wie zu einem Gnadenorte. Majestätisch blickt sie auf Wien herab, und doch gar nicht streng, nicht fordernd, nicht gebietend. Ihre weltberühmte Schönheit ist von anderer Art. Die Gläubigen sinken in dieser Kirche gewiß ebenso bußfertig und zerknirscht in den Staub wie anderswo, aber sie stehen vielleicht rascher auf. Es ist Weltfreude und Liebe über diesen Bau gegossen, ein milder Glanz von Verstehen und Verzeihen.
„Neues Wiener Tagblatt", 1907

Wenn man von der Budaer Anhöhe aus der Vogelperspektive auf Pest schaut, wird die öde Einförmigkeit der Hausdächer bloß von zwei gewaltigen Kuppeln durchbrochen: jener der Stephansbasilika und jener des neuen Parlaments.
Bei uns spielen diese Kuppeln die gleiche Rolle wie in anderen Städten die gen Himmel ragenden hohen Türme. Sie verschaffen dem von der Eintönigkeit des Häusermeeres ermüdeten Auge Ruhe und bringen Veränderung in die weithin sich dehnende Ebene des Stadtbildes. Schon von diesem Gesichtspunkt aus müssen wir uns freuen, daß die Stephansbasilika endlich vollkommen fertiggestellt ist, doch auch deshalb sind wir froh, weil endlich auch die Pester Seite der Hauptstadt eine ihr gebührende, architektonisch anspruchsvolle Kirche hat, wo die Kunst die Andacht erhöht und gleichzeitig vor jedermann Zeugnis von unseren kulturellen Bestrebungen ablegt.
Und nun, da sich ihre Tore denen öffnen, die Befriedigung religiöser Bedürfnisse suchen, ist es ein Fest für die Hauptstadt und die ungarische Kunst.
Aladár Schöpflin, 1905

THE GRESHAM LIFE ASSURANCE SOCIETY

Oben: Der Hohe Markt mit dem Vermählungsbrunnen in Wien. Photographie von Bruno Reiffenstein. Um 1910

Gegenüberliegende Seite: Der Szentháromság tér (Dreifaltigkeitsplatz) mit der Dreifaltigkeitssäule auf der Budaer Burg. Photographie von F. X. Kemény. 1896

GRÜNWALD SAMU

Aus der Wiener Altstadt
Oben: Die Rotgasse in Wien I. Um 1900

Rechts oben: Die Wächtergasse in Wien I., vom Tiefen Graben aus gesehen. Um 1900

Ich bin in der Renngasse und stehe vor dem Klosterneuburger Stiftshof. Rechts davon öffnet sich eine schmale, dämmerige Gasse, wie eingezwängt zwischen dem vornehmen Bau der geistlichen Herren und dem nächsten hohen altersgrauen Haus. Zum ersten Mal lese ich ihren Namen: Wächtergasse. Mich verlockt es, in ihre Stille einzutreten. So schmal die Gasse ist, so schiebt sich dennoch in ihrer halben Länge ein Häusereck breitschultrig darin vor und raubt ihr noch etwa zwei Drittel ihrer Masse, so daß wahrlich nur noch ein Schacht übrig bleibt. Ein Kind könnte mit ausgestreckten Armen die Mauern links und rechts berühren. Ein schmälerer Engpaß dürfte in ganz Wien nicht zu finden sein. Mehrfach verbinden Schwibbogen die nachbarlichen Häuser.
Schließlich wird die Gasse zur Treppe, zu einer schmutzigen steilen Stiege, mit hohen, ungefältigten Stufen. Man tut gut, das Kleid sorgfällig zu raffen, steigt man über sie hinab. Im gespenstigen Winkel ist dann im schmalen, lichten Ausschnitt dem Blick ein altes steinernes Marienbild gewährt, das an der Stirnseite des gegenüberliegenden Hauses in einer Nische in Stockwerkshöhe angebracht ist. (...) Unwillkürlich wende ich mich um, und schaue hinaus, woher ich gekommen. Wo ist die moderne Großstadt mit ihrem echten und falschen Prunk und Glanz, mit ihren breiten, lichten Straßenzügen, mit ihrem Verkehr und Menschengewühl? Es ist schwer, an sie zu glauben, blickt man diese enge, engste Gasse, diese finstere Stiege hinauf.
Hermine Cloeter, 1912

Hier im Wasserbezirk gibt es etwas, was es anderswo nicht gibt: Treppenstraßen, die sich steil auf den Burgberg hinaufwinden. Alte, hohe Häuser im deutschen Baustil säumen die zwei, drei Schritt breiten Gäßchen. Die kleinen Fenster öffnen ihre Flügel nach außen. Aus den Zimmern ertönt nicht selten die dünne Stimme eines alten Klaviers. In den romantischen, verlassenen kleinen Straßen stehen die Häuser nicht stramm wie die Zinnsoldaten; nicht selten weicht eine Front zurück und macht vor sich Platz für einen kleinen, dunkelgrünen Garten. Die Baumkronen neigen sich über den Gartenzaun, überschatten die kleine Straße. All das atmet die Stimmung alter italienischer oder deutscher Städte, und dennoch haben diese Gassen ihr eigenes ungarisches Flair – ihren Budaer Charakter.
Breiteten wir unsere Arme aus, würden wir die ganze Straße überspannen. Dennoch sind das beileibe nicht die schmalsten Gassen Budapests. Der fromme Pester glaubt, es gäbe keine schmaleren Gäßchen als die Kiskorona utca oder den Perc köz. Dabei sind das wahre Avenuen im Vergleich zum Balta köz auf dem Burgberg. Dieser Durchgang ist höchstens zwei Schritte breit und verbindet die Uri und die Tárnok utca miteinander. Die Loggien der einander gegenüberliegenden Häuser bilden ein Dach über dem Weg und geben dem Gäßchen einen romantischen, altehrwürdigen Anstrich.
„Uj Idök", 1913

Aus dem alten Buda
Oben: Die Balta-köz im Burgviertel. Photographie von György Klösz. Um 1890

Links oben: Die Donáti lépcsö (Donáti-Stiege). Photographie von György Klösz. Um 1890

Oben: Straßenszene in Budapest. Photographie von E. Wellisz. Um 1890

Gegenüberliegende Seite: Schlafender Wasserer in Wien I., Hoher Markt/Ecke Tuchlauben. Photographie von Emil Mayer. Um 1910

Süß ist der Schlaf allerorten, nicht nur im weichen Bett, zwischen weichen Kissen. Den armen Mann umfängt dort der Schlaf, wo es seine Zeit erlaubt, und nicht selten tut es auch gut, sich auf einer Bank auszustrecken oder im bequemeren Lehnstuhl.
„Érdekes Ujság", 1913

WANIEK

Ich hülle mich in meinen Herbstmantel, und auf meinem Herzen liegt der Hauch der Vergänglichkeit. Der Herbst ist da, erkläre ich mit klappernden Zähnen, während die anderen vor dem Kaffeehaus ihre Eiscreme löffeln. Woher ich es weiß? Wieso ich Derartiges vermute? Hat mich vielleicht die Inspiration des Propheten ereilt? Es ist keine Vermutung, sondern Gewißheit. Seht ihr nicht dort an der Straßenecke den runden Kessel? Den Maroniofen? Das ist der sichere Bote des Herbstes. Eine Schwalbe macht noch keinen Sommer, doch mit jenen Öfen, auf denen man Kastanien röstet, zieht der Herbst ins Land. Das muß die Menschheit lernen.
„A Hét", 1890

Wien ist besonders reich an typischen Straßenexistenzen, die durch das derzeit im Hausierergesetz noch gestattete Feilbieten von Lebensmitteln ihren Lebensunterhalt verdienen. In kurzer Zeit sollen nun diese traditionell gewordenen Straßengestalten, die ambulanten Verschleißer von Genußmitteln, durch ein neu zu schaffendes Hausierverbot aus dem Weichbilde der Stadt verschwinden gemacht werden. Mit dieser Maßregel verliert die an originellen Volkstypen so unendlich reiche Donaustadt viele ihrer bekanntesten Figuren. Wer (...) kennt nicht den Würstelmann, den „kleinen Sacher", wie ihn der Volkswitz wegen der großen Menge mannigfacher Volksnahrungsmittel mit spöttischer Anspielung auf die allen Wienern, wenn auch nur vom Hörensagen, bekannten Leckerbissen des berühmt gewordenen fashionablen Restaurants „Sacher" nennt? Großer Anziehungskraft auf die Schuljugend beiderlei Geschlechtes erfreut sich zumeist der Gebäck-, Mohn- und Nußbeugelverschleiß auf der Straße, deren Inhaberinnen ihren Standort auch meist an einer stark frequentierten Ecke in der Nähe einer Schule haben.
Alkoholgegner werden lebhaft bedauern, daß die Tage der „Erfrischungspavillons auf Rädern" gezählt sind, und mit Recht. Der in der Nähe postierte „Sodawassermann" hat manchen Fuhrmann, Pflasterer oder sonstigen in der Sommerhitze auf der Straße durstig gewordenen Mann aus dem Volke davon abgehalten, das Gasthaus aufzusuchen und ihn dazu bewogen, seinem Bedürfnisse statt mit einem „Krügel" oder „Spritzer" mit dem seiner Gesundheit und seiner Geldbörse zuträglicheren Sodawasser mit oder ohne Zitrone abzuhelfen.
„Österreichische Illustrierte Zeitung", 1908/1909

Links oben: Budapester Maronifrau. Um 1900
Links Mitte: Die ehemalige Városház tér (Rathausplatz) in Budapest, um 1900 abgerissen. Photographie von György Klösz. 1894

Links unten: Sodawasserhändler hinter dem Wiener Burgtheater. Um 1910
Gegenüberliegende Seite: Der Platz Am Hof in Wien, im Vordergrund das 1892 enthüllte (und 1912 auf den Stubenring versetzte) Radetzky-Denkmal. Photographie von August Stauda. Um 1900

WOITTITZ FÜLÖP ÁRUHÁZA
LEGOLCSÓB BEVÁSÁRLÁSI FORRÁS
FREUND LIPÓT
HICKER ANTAL
SODRONYSZÖVET-FONAT-SZITAÁRU RAK
Torony-utcza.
FANDA ÁGOSTON
halász m.
Duna-utcza.

Oben: Das (um 1900 demolierte) „Faßzieherhaus", ein typisches Vorstadtwohnhaus am Spittelberg in Wien VII. 1893
Links: Wegen der Regulierung der Innenstadt (1897–1902) demoliertes Haus in der Duna utca (Donaustraße) in Budapest. Photographie von György Klösz. Um 1895

Groß-Wien hat sich in wenigen Dezennien ganz gewaltig verändert. An Stelle enger und winkeliger Gassen sind breite Straßenzüge mit prunkvollen Palästen getreten, noch vor wenigen Jahren unbebaute Flächen weisen heute gewaltige Hauskomplexe auf. Die Bautätigkeit ist eine ganz enorme und kaum eine Straße wird man finden, in der nicht die Haue des Demolierers irgend ein Stück Alt-Wien niedermacht, um Platz zu schaffen für ein modernes Prunkgebäude. In den sogenannten alten Bezirken ist dieses Schwinden uns liebgewordener Häuser besonders auffällig… Ein solches poesievolles Stück Alt-Wien, das demnächst vom Erdboden verschwinden wird, um irgendeinem kalten Neubaue Platz zu machen, ist das „Faßzieherhaus".
„Österreichische Illustrierte Zeitung", 1898

Das Herz von Budapest, die Innenstadt und das alte Pest sind jetzt fast ganz zum Trümmerhaufen geworden. Verfallene Häuser werden der Reihe nach abgerissen, Straßen und Plätze verschwinden. Das ist kein Verlust für die Stadt, denn da sie ohnehin keinen architektonischen Wert besaßen, wurden sie nicht einmal im Laufe der Zeit zu ehrwürdigen Reliquien der Vergangenheit, sondern bloß zu abgewohnten, alten Häusern. (…)
Bei dem auffallend verfallenen Gebäude an der Ecke Duna utca - Torony utca soll es sich um das älteste Pester Haus handeln, von dem man nicht weiß, ob es ebenerdig ist oder ein Stockwerk besitzt. Das Erdgeschoß ist abgesackt, das Fenster des ersten Stocks ist mit der ausgestreckten Hand zu erreichen.
„Vasárnapi Ujság", 1897

Scharfe, undefinierbare Düfte benachrichtigen uns von weitem, daß wir dem Stapelplatze aller möglichen vegetabilischen und animalischen Schätze nahe sind. Nur schwer winden wir uns durch das Gewimmel von sparsamen Hausfrauen, Köchinnen, Greißlern, Lehrbuben, Buttenträgerinnen und Dienstmännern. „Kummen S' her, was kaufen S' denn?" ruft uns die dicke Kapäunlerin an, wenn wir einen verwunderten Blick auf die „wuzerlfetten" Poulards- und Entenleichen werfen. „Kriag' i was z' lösen?" fragt eine Andere, die Topfen und Butter, Honig und Schmalz feilbietet. Mit allerlei Schmeichelnamen locken sie ihre Kunden, die Köchinnen werden mit „Schatzerl" angeredet, „Gnä' Frau" und „Euer Gnaden" wird, mit Nachsicht der dazu gehörigen Toilette, jede Frau genannt. Noch nie hat ein persischer Dichter seine „Zuleika" mit so glühenden Farben gepriesen, wie die Fratschlerin ihren „Andivi", die Kapäunlerin ihre „Martini-Ganserln", die Öbstlerin ihre „Plutzer-Birnen"... Hier findet die sorgsame Hausfrau alles beisammen, was ihrer Wirthschaft noththut. In ungeheuren Fässern sind Obst, Erdäpfel und Zwiebel aufgestapelt. Ganze Berge von saftigen Melonen und Kürbissen bedecken den Boden.(...)
Die Wiener Höckerinnen, „Fratschlerinnen" sind von sanfterer Gemüthsart, als ihre berühmten Pariser Colleginnen, die „Damen der Halle". Ihr „Maul" zwar ist ein Schwert, aber keine Guillotine. Jene blutrünstige Grausamkeit, mit welcher die Damen der Halle in den Schreckensjahren den blutigen Scenen wie einer Volksbelustigung beiwohnten, ist dem „batzwachen" Herzen der Wiener „Fratschlerin" fremd. Dagegen lassen sie Jeden, der ihren Zorn freventlich herausfordert, unbarmherzig über die Klinge ihrer scharfen Zunge springen. Wer vergleichende Sprachstudien liebt, der suche sich eine vertrauenserweckende Sibylle mit einem großen „Kebelzahn" aus und mache eine abfällige Bemerkung über ihre Ware. Ein entzückendes Füllhorn der saftigsten und originellsten Schimpfwörter wird sich über sein Haupt ergießen und nur in schleuniger Flucht wird er Rettung vor dem gewaltigen Cataract von Invectiven und schmückenden Beiwörtern finden, womit ihn die Pythia des Standels überschüttet.
Vincenz Chiavacci, 1895

Oben: Marktfrauen am Pester Donauufer. Photographie von Rudolf Balogh. 1906
Unten: Markt am Bomba tér (heute: Batthiány tér). Um 1910

Gegenüberliegende Seite: Der Naschmarkt; der damals noch bis auf den Karlsplatz reichte, im Hintergrund die Secession. Photographie von Bruno Reiffenstein. 1899

LISABETH KUDOVITZ
WIEN. IV. OBSTMARKT
WIEN IV.

Wien ist schön, sehr schön, noch immer schön, trotz aller amerikanisierten Neuerungssucht ultraradikaler Stadtbaumeister, die vom Zeichentisch aus mit der Reißschiene und dem Zirkel die Verkehrswege zu verbessern und das Stadtbild unbarmherzig zu „verneuern" trachten. Trotz des pilzartig aufschießenden Gschnasneuen blieb noch immer so viel schönes und kulturwertiges Altes erhalten, daß es eine Lust ist, einzelne wenig versehrte Stadtteile aufmerksam schauend zu durchwandern. Namentlich in der konservativen inneren Altstadt bietet ein Spaziergang durch das Gewirre enger und gekrümmter Gassen mit dem wechselreichen Spiel von Licht und Schatten ungemeinen Genuß, schmale, steile und schattendunkel kühle, mittelalterliche Steige und Gassen mit turmhoch glatt aufragenden Hauswänden bewirken oft plötzlich die Vorstellung von verwinkelten altertümlichen Burganlagen.
Arthur Roessler, 1909

Links: Der Fleischmarkt in Wien I., im Hintergrund die Einmündung der Griechengasse. Um 1900
Rechts: Die Országház utca auf der Burg. Photographie von György Klösz. Um 1895

Herrliches, sonniges Plein-air-Wetter sollte herrschen, will man jenen Teil Budas durchstreifen, in dem die dankbare Nachwelt jeden Quadratmeter mit einer Gedenktafel versehen könnte.
Unter einem solchen Himmel wirken jene Häuser ganz anders, die wie linkische kleine Zwerge die Matthiaskirche umdrängen. Ganz anders ist dann ihr Antlitz, sie sind offen, gesprächig, fröhlich und mitteilsam, nicht niedergeschlagen, traurig, niedergedrückt und verzweifelt wie an bedeckten, verregneten, kalten, von giftigem Nebel verschleierten Tagen, wenn man stundenlang warten muß, bis sich eine Tür einen Spalt breit öffnet, bis ein Tor, das manche Stürme überlebt hat, in seinen Angeln quietscht, bis irgendein lebendes Wesen, zwei Priester, zwei Offiziere oder ein altes Ehepaar dahineilen, verhalten schlurfen, mit beängstigend hallenden Schritten, um unter den traurig brennenden Laternen wie dunkle und rauchige Schatten plötzlich zu verschwinden. Ich bin nämlich noch nie in jenem Teil Budas gewesen, ohne daß mir zwei Priester, zwei Offiziere oder ein Ehepaar entgegengekommen wären, das an die Stiche in den alten deutschen Witzblättern, an die Figuren der Biedermeierzeit mit ihren Kuckucksuhren, Chronometern und Häubchen erinnert hätte. In dieser Gegend Budas geht man einen halben Tag früher zu Bett, um ja nicht Sperrgeld zahlen zu müssen und um die zwölfstündige bürgerliche Ruhe nicht zu versäumen. Anders ist der Schlaf der Menschen, anders der Rhythmus ihrer Bewegungen, ihres Ganges, ihrer Gesten, anders das Tempo, in dem sie leben, arbeiten, diskutieren und sterben. Unter ihnen liegt eine große, erregte, nervös wartende Stadt, eine müde, gepeinigte, durch Sorgen und tausend Probleme gejagte, durch Mietshäuser, Gasthauskost, durch Wucher und Kaffeehausluft abgemagerte Million – hier blühen Geranien in kleinen Fenstern, trinken die Menschen die Milch aus Krügen, singen sie morgens um sechs bereits mit roten Wangen auf dem Hof. Unter ihnen die ungeheure Aufregung eines rauschenden Steinwaldes, lärmende Nachtwächter, offene Messer, gekaufte Freude, eine bunte, sündige, meuchelmörderische Nacht – hier hat man Zeit, Strümpfe zu stricken, Zeit für ein Dominospiel und einen Kaffeeklatsch.
Rokoko-Gefälligkeit und eine solide, alles umfassende Melancholie liegen über dieser Gegend, hinter den rostigen, mit dem Moos der Zeit überwachsenen Zäunen und hinter den mit den Burgmauern wetteifernden Häuserwänden. Eine idyllische Insel im zitternden Körper einer Sonnenstadt, der blühende Garten der Galanterie und Gesellschaftsspiele. Eine eigene Welt mit ihren schiefen Gehsteigen, ihren Veranden, ihren engen Gassen, wo alles um fünfzig Jahre zurückgeblieben ist.
Anders ist die Moral, ist die Jugend, anders heben die Frauen ihre Röcke – eigentlich heben sie sie gar nicht, warum auch. Hier in dieser Stille wird der Mensch zum Träumer, gläubig und fromm, er möchte Gedichte lesen, Tagebuch schreiben, sich im Poesiealbum verewigen, hier schickt er hoffnungslose Wünsche zum Mond. Da gibt es Tage, warme, duftige Frühlingstage, Maiabende, an denen aus offenen Fenstern leise und sachte Musik erklingt: ein weicher und leichter Spinetton, eine sehnsüchtig versagende Stimme, die resignierende Elegie eines alten, abgenutzten, abgespielten Klaviers, dessen Aufschrift kaum noch zu lesen ist: Wien, Weltausstellung, 1873.
István Dömötör, 1909

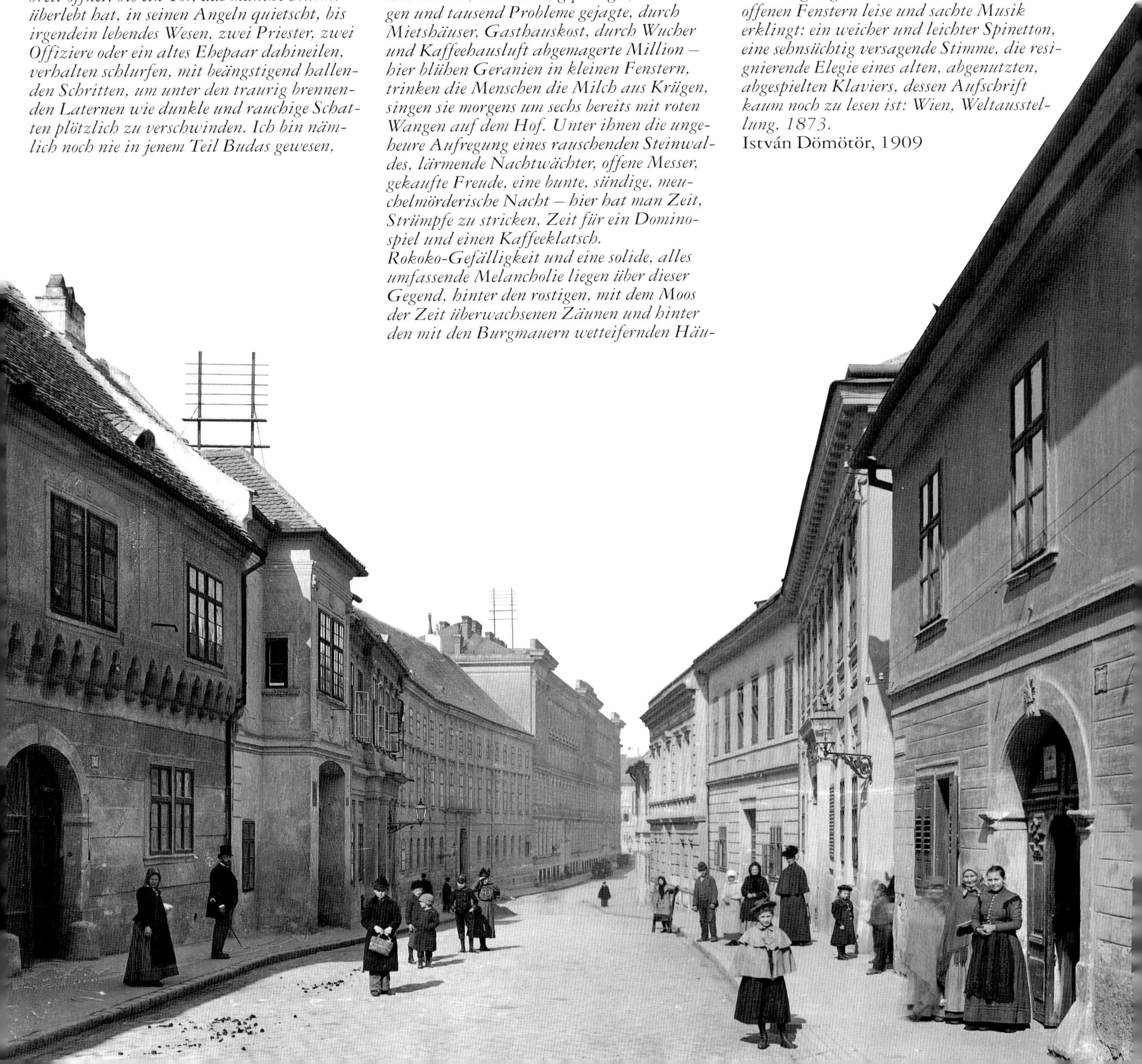

Der alte Fischmarkt, wo teils in schwarzen Kisten, teils auf einfachen Holztischen die Gaben des blonden Donauwassers vor dem Käufer ausgebreitet werden, prächtige, fette Welse, schlanke Hechte, Störe, Schleien, Krebse (...). Dieser Teil des Marktes ist weniger geräuschvoll: sein spezifischer glitschiger, wäßriger Charakter, sein Fischgeruch locken die Käufer auch ohne lautes Marktgeschrei an.
Doch den alten Fischplatz gibt es nun nur mehr dem Namen nach: Die ihn umgrenzenden Häuser wurden abgerissen, und jetzt hat er bereits seinen früheren Charakter verloren. Die Fische wie auch das viele Obst und Gemüse werden bald allesamt diesen altvertrauten Platz verlassen und in die neue Markthalle einziehen, wo sie schön ordentlich sortiert und angeordnet auf ihre Käufer warten. Zusammen mit ihnen verschwinden von den öffentlichen Marktplätzen Zelte und bunte Stände, und die Straßen und Plätze taugen bald zu nichts anderem mehr, als von Straßenbahnen überquert zu werden.
Károly Lyka, 1896

Im Stadtwäldchen und auf den Straßen der Innenstadt, sommers wie winters, kann man ihn sehen – oder auch nicht mehr: den „Bosnyák". Er ist das älteste und treueste Budapester Exotikum, die bekannteste fremdartige Figur. Schon der Tradition halber hat er es verdient, erwähnt zu werden, dieser Greißler mit seiner braungebrannten, dunklen Haut, der passender als jeder andere jenen klassischen Ausspruch zitieren könnte: omnia mea mecum porto...
Kornél Tábori, 1912

<u>Links oben:</u> Die Freyung.in Wien I. Um 1900
<u>Links unten:</u> Markt auf dem um 1900 demolierten Hal tér (Fischplatz) in der alten Pester Innenstadt. Um 1895
<u>Gegenüberliegende Seite:</u> Bosniaken auf dem Bomba tér (heute: Batthyány tér) in Budapest. Photographie von János Müllner. Um 1910

II KERÜLETI IPAROSKÖR

STEHWEINHALLE
JOHANN
ELEDER's
STETS
FRISCHE
KALTE
UND
WARME
KÜCHE
REFOSCO
STETS
FRISCHE
KALTE
UND
WARME
KÜCHE

Der Wiener Gastwirt betrieb sein Geschäft als eine Art von Familienvater. Seine Gäste waren fast Mitglieder seiner zahlreichen Familie. Er begnügte sich nicht damit, den Leuten gut zu essen und zu trinken zu geben, er sorgte auch für ihre Unterhaltung, behandelte sie je nach Stellung und Verdienst mit mehr oder weniger Respekt oder mit größerer oder geringerer Herablassung. Mit allen war er aber familiär. Er sagte zu dem einen „Eure Excellenz" oder „gnädiger Herr", stand mit anderen auf dem Fuße der Duzbrüderschaft und Kameradschaft, allen Gästen reichte er jedoch in derselben Haltung seine Dose, die bald aus Silber, bald aus Holz bestand, viereckig die eine, rund die andere. Die runde konnte nie ohne zu kreischen aufgemacht oder geschlossen werden, während die silberne mit einem Schlage zuflog. Der Wirt ging von einem Gaste zum andern, von einem Tische zu dem nächsten. Mehr noch als früher und in der neuesten Zeit der Barbier, war er der Mann der Neuigkeiten. Er wußte alles, denn ihm wurde alles erzählt. Er bildete die lebendige Chronik der Stadt oder der Vorstadt, in welcher er residierte.
„Wienerstadt", 1895

Vom gastronomischen Gesichtspunkt aus verfolgen die Budapester Gaststätten eine internationale Richtung, und in nationaler Hinsicht begehen sie auf ihren Speisekarten täglich einen kleinen Vaterlandsverrat. Nirgends auf der Welt liest man eine so lange Litanei, wie auf der Speisekarte eines erstklassigen Budapester Restaurants. Hier sind alle Delikatessen der französischen, englischen, russischen und deutschen Küche vertreten, nur die speziellen ungarischen Gerichte ziehen sich bescheiden in eine Ecke zurück. Ungarische Speisen wie Pörkölt, Gulasch, gefülltes Kraut, Topfennudeln und so weiter sind auch hinsichtlich ihres Preises so außerordentlich gewöhnlich, daß es Patriotismus und demokratisches Bewußtsein braucht, um den Mut aufzubringen, sie zu bestellen. Statistische Angaben können bezeugen, daß in Wien mehr Gulasch gegessen wird als in Budapest, und aus Erfahrung wissen wir, daß man dort für das Gericht aus der Kleinen Tiefebene besseres Fleisch verwendet als in der ungarischen Hauptstadt.
Márton Zöldi, 1896

Links: Gaststätte in Wien XVI. (Ottakring). Um 1910

Oben: Wein- und Bierhaus „Zur weißen Taube" in der Szentháromság utca in Buda. Um 1890

ETKULDESE
A SZENS
ILO
ARTÉ
IZ
SZENSAVVAL
ILONA
ARTEZIVIZ

Rechts: Kinder vor dem Freihausbrunnen in Wien IV. Um 1900

Gegenüberliegende Seite: Artesischer Brunnen zur Heiligen Ilona auf der Palatin-Insel im Budapester Stadtwäldchen. Photographie von Albert Petrik. 1907

Es gibt mehrere Volkskasinos, in welchen es den verschiedenen Handwerkerfrauen, Köchinnen, Lehrbuben nicht an geselligem Verkehr, einer freundlichen Ansprache und allerlei Gelegenheit fehlt, über Nachbarsleute die feinsten Beobachtungen zu machen und kritische Urteile über ihr Gehaben entgegenzunehmen.

Das niedrigste Forum dieser Art ist der Röhrlbrunnen, der allerdings seit dem Bestehen der Hochquellen-Wasserleitung viel von seinem eigenthümlichen Reiz eingebüßt hat. Damals hatten die Röhrbrunnen noch etwas von dem Prestige der segenspendenden Quelle, als welche die Völker des Alterthums den Brunnen hegten und verehrten, und damals war es nicht so leicht, in heißer Sommerzeit sich einen labenden Trunk zu verschaffen. Häufig war der einzige Röhrbrunnen der Gasse umlagert von Wasserträgern, Mägden und Lehrjungen, und jede säumige Magd hatte es in der Hand, ihr Ausbleiben derart zu regulieren, daß die Zeit, welche sie mit Tratschen oder süßem Liebesgeplauder zugebracht, dem Röhrbrunnen in die nassen Schuhe geschoben wurde. Da hörte man oft die furchtbarsten Schilderungen, wie es beim Röhrbrunnen zugegangen sei. „Sechs Butten und fünf Schaffeln hab' i aushalten müssen", lautete dann die Entschuldigung. Wer konnte ihr ins Herz sehen und die „Butten" und „Schaffeln" und „Pitschen" und „Amber" und Krüge und Flaschen alle nachzählen?

Vincenz Chiavacci, 1895

A. REISS
13

Oben: Die Ecke Kalap utca und Lipót utca in der Budapester Innenstadt. Um 1890
Links: Das Kaunitzbergl in Wien VII., eine Gasse mit heute größtenteils abgerissenen Altwiener Häusern zwischen Gumpendorfer Straße und Magdalenenstraße. Um 1900

Einige Häuser der Innenstadt sind noch Überreste des wahren alten Pest. Gewölbedecken auf mächtigen Wänden tragen die Stockwerke. Sie wurden von Handel treibenden Bürgern erbaut, die in Schlafmützen auf die Welt kamen und sie in Pantoffeln verließen. Es waren Deutsche, und der Großteil ihrer Nachkommen ist es auch heute noch. (...) Von den Pester Patriziern gibt es heute nur noch ein paar seltene Exemplare, an die Stelle der engstirnigen Spießbürger trat das aufregend moderne Bürgertum.
Hier begann die Herausbildung des ungarischen bürgerlichen Elementes in Budapest.
Ödön Gerö, 1911

Es wird in Wien wieder viel gebaut. (...) Die Stadt verjüngt sich vielmehr in jenen Teilen der alten Bezirke, die früher innerhalb des Linienwalles lagen und die nun der Gürtelstraße zugekehrt sind. Diese Straßen, die früher nach außen abgesperrt waren, hatten sich lange in dem alten Zustande wie vor hundert Jahren erhalten, und die älteren Wiener erinnern sich noch ganz gut daran. Es waren die letzten Reste des kleinbürgerlichen Wien, das noch keine große Industrie und keinen Welthandel hatte. (...) Noch vor einem Dezennium sah man in den entlegenen Straßen der alten Wiener Bezirke alte gemütliche Häuser, die wie nach einer Schablone gebaut waren: einstöckig mit drei Fenstern in der Front des ersten Stockwerkes, und in der Ecke des Erdgeschosses die Haustür, neben der sich meistens zwei Ladenöffnungen befinden.
„Neue Freie Presse", 1907

Die Waren, aus denen der Umschlagplatz am Teleki tér entstand, sind mit einem Wort zu charakterisieren: Plunder. In der nördlichen Ecke des großen Platzes, wo die Zelte und Buden sich zu einem Markt formieren, bekommt man alles, was der arme Mann in seinem Haushalt benötigen mag: Kleidung, neu besohlte Schuhe, gereinigte Hüte, Reisekoffer, Halstücher, Leierkästen, Uhren, zusammenklappbare Eisenbetten, Kissen, Matratzen, Schlipse und Besen – es ist wie in einem modernen Warenhaus, nur mit dem Unterschied, daß alles Ramsch, Trödel ist. Das ist ein Teil des Teleki tér. Der andere ist vielleicht der noch wichtigere, noch interessantere: nämlich die Börse, jenes große Gebäude, wo sich die Händler des Teleki tér treffen, ihre Waren austauschen, die Preise hochschrauben oder drücken, kaufen und verkaufen (...) Bis außerhalb des Teleki tér, in die angrenzenden Straßen, reicht dieser gewaltige Markt mit seinen Hunderten von Geschäften, die allesamt an den Teleki tér angewachsen sind. Alle hatten dort ihre Existenz, alle entstanden aus dem großen Markt. Der Teleki tér: Sammelplatz eines ganz eigenartigen Geschäftslebens (...) An der richtigen Börse hat man einen Notizblock in der Hand, auf dem die Kurse eingetragen werden; hier ist derjenige der echte Börsianer, der zwei Mäntel an- oder mindestens zwei Hüte aufhat.

„Érdekes Ujsag", 1913

Die Judengasse in der inneren Stadt ist das Eldorado der alten Kleider und daselbst vermag sich der herabgekommenste Handwerksbursche mit wenigen Gulden in einen „von Cavalieren abgelegten Cavalier zu verwandeln!" Das kleine enge Gäßchen mit den zahllosen Gesichtern der jüdischen Nation und dem Feilschen und Handeln zwischen Hausthoren und Läden; dem Rufen der Ladenjünglinge nach Kunden und den massenhaft aufgestapelten Kleidungsstücken in den engen, finsteren, meist vom Gaslicht am hellen Tage beleuchteten Räumen, findet wohl nirgends in einer Großstadt ihresgleichen. Die gesamten abgelegten und abgetragenen Kleider der Millionenstadt finden hier ihre Centralstelle und die unglaublichsten Dinge kommen von da aus in den Handel. Alles was die arme Bevölkerung Wiens nur irgendwie entbehren kann, fällt dem „Handelsjuden" in die Hände und „unsere Leut" sind bei der Bevölkerung keine ungerne gesehenen Gäste. (...)
Dem Handelsjuden begegnet man zumeist freundlich, bringt er ja oft in irgend eine Familie durch den Ankauf alter Sachen Rettung und das nöthige Brot. Freilich geht es bei diesem Handel nicht ohne Feilschen von Seite des Käufers ab, aber der ist ja eben Handelsmann und sucht seinen Vortheil zu wahren, wie dies doch jeder Kaufmann thun muß, um sein Geschäft zu halten!

Adolf Wimmer, 1892

Links: Jüdische Händler auf dem Trödelmarkt am Teleki tér. Photographie von János Müllner. Um 1910
Rechts: In der Judengasse in Wien I. Um 1910

Kammer
ROTHBERG
JOSEF WEILER

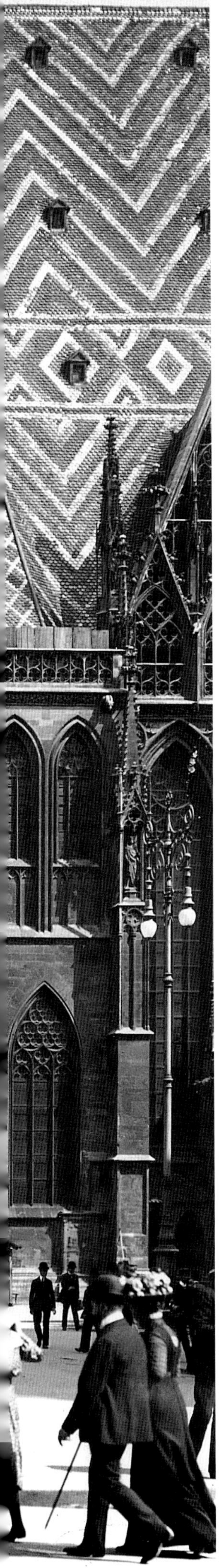

Wenn man die Straßen die Verkehrsader einer Stadt nennt, dann darf man wohl den Stephansplatz die Herzkammer von Wien nennen. Alles Blut des großstädtischen Verkehrs strömt da zusammen, und von da aus pulsiert es wieder hinaus durch alle Arterien. Der Stephansplatz bildet den Ausgangs- und Endpunkt und gleichzeitig den Hauptknotenpunkt für den ganzen städtischen Verkehr. Er ist der Mittelpunkt zweier konzentrischer Kreise, welche die bauliche Konfiguration Wiens bestimmen, der innere, kleinere Kreis ist der Edelsteingürtel Wiens, die Ringstraße, der äußere, größere wird markiert durch die Linienwälle und die Linienämter. Das erklärt alles. Der Durchzug des Verkehrs kreuz und quer erfolgt und muß beinahe erfolgen über den Stephansplatz. Und wenn gelegentlich von einem Niedergange Wiens gesprochen wird, – auf dem Stephansplatz ist sicherlich nichts davon zu bemerken. Da ist immer ein Gewühle und Gewoge von Menschenmassen und Fuhrwerken, wie es intensiver wohl in keiner Stadt der Welt zu finden sein mag.
„Über Land und Meer", 1890

Bisher hat man gewöhnlich nur von Amerika gehört oder gelesen, daß dort innerhalb weniger Jahre neue Städte mit Hunderttausenden von Einwohnern entstehen oder ältere Städte sich verwandeln und in märchenhaftem Tempo neu gebaut werden. Heute braucht man seinen Blick nicht mehr in die „neue Welt" zu richten, um solche Wunder zu sehen; auch zu Hause, in unserer eigenen Heimat, findet man Erstaunliches, besonders in Budapest, das vor allem während der letzten Jahre nahezu wie von Zauberhand gewachsen und schöner geworden ist. (...)
Jüngstens wurde auch mit der Umgestaltung der Innenstadt begonnen. Die verschiedenen alten Häusergruppen mit ihren engen Straßen und winzigen Plätzchen werden abgerissen, und auf den freien, neuparzellierten Grundstücken wurden in kurzer Zeit neue, prächtige Gebäude errichtet, wodurch das Bild ganzer Bezirke vollkommen verändert wird. Der Grund dieser großen Veränderung war in erster Linie der Beginn des Brückenbaus am Eskü tér, dessen Bogen genau in die Achse der Kerepesi út fällt: von dessen Einmündung bis zum Donauufer wurde alles weggeräumt, was dem auf die Brücke zu führenden Verkehrsfluß im Wege stand.
„Vasárnapi Ujság", 1900

Oben: Der Kigyó tér (Schlangenplatz) mit den beiden Palais der Erzherzogin Klotilde, erbaut 1902, im Hintergrund die Elisabethbrücke. Um 1905
Gegenüberliegende Seite: Der Stephansplatz mit der Rotenturmstraße. Photographie von Bruno Reiffenstein. Um 1900

Oben: Ungarische Aristokratinnen mit Graf Gyula Andrássy vor dem Parlament. Photographie von János Müllner. Februar 1906

Eine Häßliche unter Budapests Damen – das ist die Ausnahme. Das sage ich nicht aus Schmeichelei; ganz nüchtern konstatiere ich eine einfache Tatsache, die in ganz Europa anerkannt ist. Es gibt in Europa keine Großstadt, auf deren Straßen man so viele schöne Frauengesichter sehen kann wie in Budapest. Unter den europäischen Reisenden hat es sich herumgesprochen, daß es unter den Sehenswürdigkeiten von Budapest drei Besonderheiten gibt, mit denen keine einzige Großstadt auf dem Kontinent konkurrieren kann: das herrliche Korsopanorama, die Kettenbrücke und – die Frauen.

Männer fremder Nationen, die unsere Heimat besuchen, äußern sich in Superlativen des Entzückens über die Schönheit unserer Damen, und heute noch ist mir lebhaft ein Aperçu in Erinnerung, das ein bekannter französischer Dichter bei einem Spaziergang auf dem Korso verlauten ließ: „Mon dieu!" sagte der gallische Poet mit gallischem Esprit, „bei Ihnen gibt es so viele schöne Frauen; auch wenn man hundert Herzen hätte, man verlöre sie alle!"

Nicht dieser gallische Poet hat diese Wahrheit entdeckt: wir anspruchsvollen und wählerischen Männer hierzulande haben es sehr wohl schon vor ihm gewußt, auch wenn wir dafür keinen so treffenden Ausdruck fanden, und wissen es auch heute: Man braucht nur einen Blick in die Calderoni-Auslage der Váci utca zu werfen, wo in einer Art feinsinniger Tradition ein ständiger Schönheitswettbewerb in effigie uns davon überzeugen möchte, daß die vielen klassischen Schönheiten Budapests sehr wohl der Venus von Milo oder anderen göttlichen Schönheiten Konkurrenz machen könnten.

József Márkus, 1890

Die Hübschen, die Pikanten, die man als Wiener Schönheit rühmt, gehören meist zu jenen Ausnahmen von der Regel, die des Lebens Würze bilden. Schon das unter hoher, heiterer Stirne zwischen den schwungvollen Brauen breitspurig ansetzende Näschen, dessen Diminutiv oft eine stark aufgetragene Schmeichelei bedeutet! Verwegen guckt es wolkenwärts oder es schnuppert mit sanfter Unentschiedenheit in die Luft; seine Flügel heben sich leise beim Lächeln, das die Lippen nur ungern verläßt. Der über einem vorwitzigen Kinn hingeschlängelte Mund spricht seine praktischen Zwecke ohne übertriebene Rücksicht auf die schöngeschwungene Linie deutlich aus. Das eng anliegende Ohr mit seinen neugierigen Windungen gleicht einer schöngeformten Meeresmuschel. Die Augen blinzeln schelmisch oder sie sengen zum Verschmachten wie die Sonne vor dem Regen. (...) Sicherlich hat ja die Wienerin plastische Vorzüge, die einen antiken Bildner begeistern müßten; die kühn gezeichnete Linie der vollen Büste, die schwellende Rundung der Schultern, die prangenden Äpfeln aus dem Paradiese gleichen, die üppige Schlankheit der elastischen Glieder, das Ebenmaß der hohen, senkrechten Säulen, auf denen die süße Last des majestätischen Rumpfes ruht. (...) Welcher Bildhauer aber vermöchte mit seinem spröden Material das sprühende Leben zu verkörpern, das diese herrliche Hülle erfüllt! Man denke an die anmutige Beweglichkeit des auf hochgeschwungenen Hüften wiegenden Oberkörpers, die schlangenglatte Geschmeidigkeit der Arme, die in der keuschen Weise junger Birken blinken, die beredte Fingersprache der schmalen Hände, die ungeduldige Tanzbereitschaft des hochgewölbten Fußes...
Erich Felder, o. J.

Oben: Dame der Wiener Gesellschaft (Gräfin Draskovich) in Begleitung eines Gardeoffiziers (Ferdinand Prinz Auersperg) beim Pferderennen in der Wiener Freudenau. Um 1912

Ging ich in der Vorkriegszeit um die Mittagsstunde über den Graben, dann konnte ich Wiener Eleganz und Wiener Frauenschönheit am Bummel begegnen. Der Mittagsgrabenbummel hatte seine Habitués wie das Foyer des Burgtheaters und der Oper oder der Musikvereinssaal bei den Philharmonikern. Stadtbekannte Erscheinungen, Tagesgrössen, Originale, die irgendwie Rang und Popularität genossen, zogen mittags am Graben auf, es war die Stunde, wo der Löwe auf Beute geht. (...) Um diese Zeit war der Graben Gesellschaftssalon, wo man sich begegnete, begrüsste und ein paar Worte wechselte.
Joseph August Lux, o. J.

Oben: Der Wiener Graben mit den Limonadenzelten und der Pestsäule, in Richtung Kohlmarkt. Photographie von August Stauda. Um 1900

Gegenüberliegende Seite: Die Váci utca in Budapest. Photographie von György Klösz. Um 1890

Diese kurze Straße ist das Herz von Budapest, die paar hundert Passanten, die auf ihr auf und ab flanieren, sind „toute Budapest", ein zentrales Parlament, in dem jeder Bezirk, jeder Landkreis, jedes Alter und jedes Leiden seinen Vertreter hat.
Ödön Gerö, o.J.

Dr KOVÁCS S.
FOGORVOS
FÖLDVÁRI
TARA

Gegen das, was sich jetzt im Wiener Fuhrwesen abspielt, ist die Secession der Künstler rein gar nichts. Man läuft Gefahr, von den ästhetisch Angehauchten für eine ganz rohe Natur gehalten zu werden, wenn man diese Tatsache feststellt, aber doch ist dem so: der ganze heilige Frühling ist nicht so interessant, wie der Kampf der alten Wiener Fuhrwerke mit den neuen. Noch einmal hebt sich der Fiakerkutscher als eine merkwürdige Gestalt auf, er wehrt sich gewaltig gegen den unerbittlichen Gang der Zeit, und es ist nicht schwer vorauszusehen, daß er demnächst mit einem Kernfluche auf den Lippen zusammenbrechen wird – hinfahren nach dem Bezirke, von dem kein Wanderer wiederkehrt. Es ist eine sakrische G'schicht', was sind dagegen die mühsamen Allegorien des „ver sacrum". (...)
Wodurch hat sich nun der Fiaker im Herzen der Bevölkerung so festgefahren? Er war doch immer nur das Fahrzeug des Reichen, und gewiß haben viele Wiener ihr Leben lang das „fesche Zeugl" angestaunt und besungen, ohne jemals darin gesessen zu sein. Es ist in dieser Stimmung unverkennbar etwas Vormärzliches. Es mußte Cavaliere und Hausherren geben, und der ordentliche Wiener sah sie mit Vergnügen vorbeifahren; er stellte sich zufrieden in die Menschenhecke am Rande der Nobel-Allee, als ob es ewiglich so sein müßte. Im Fiaker fahren! war der Ausdruck des üppigsten und stolzesten Lebensgenusses, der aber keinen Neid und Ingrimm erregte. (...)
Und zwischen Hoch und Nieder war der Fiakerkutscher eine Art gesellschaftlichen Bandes. Zuweilen kann auch einen Vornehmen die Lust anwandeln, hinauszufahren aus der gemessenen Langweile der Gesellschaft, die sich selbst die gute nennt. Da stand nun der Fiaker mit einem liebreichen Schmunzeln bereit, ganz ergebenst und doch vertraulich, unabhängiger als ein Diener, minder beschwerlich als ein Freund; Figaro auf dem Bock, Leporello nach dem Stundentarif – den er selbstverständlich niemals einhielt. (...)
Wohl ist in diesen erschütternden Zeiten der Umwandlung die Stadt ungeheuer viel größer geworden. Aber was da an Menschen zufloß, war kein Gewinn für die Fuhrleute des konservativen alten Schlages. Das Wiener Fuhrwerk verlor allmählich viele seiner alten Gäste und bekam keine neuen. Und das wird unaufhaltsam weiter gehen, ja sogar mit zunehmender Geschwindigkeit. Stadtbahn, elektrische Linien, das flink bösartige Zweirad, das sind die siegreich vordringenden Feinde (...). Das Pferd wird aus der Stadt verschwinden. (...)
In den Museen der Zukunft wird man dem Wiener Fiaker einen schönen Platz geben, auch aus Liedern und Bildern der Zeit wird man erkennen, wie schnell bei uns diejenigen Leute fuhren, die nichts zu tun hatten.
Ludwig Hevesi, 1898

Fiaker und Einspänner in Wien sind Fuhrwerke, wie man sie in keiner anderen Weltstadt haben kann. (...)
Der Wiener Fiaker ist das schnellste und dabei sicherste Fuhrwerk der Welt, denn es kommen fast niemals Unfälle vor. Wir halten es für unsere Pflicht, an diesem Platz unsere wackeren Rosselenker gegen die in den letzten Jahren systematisch betriebenen Verdächtigungen und Nörgeleien in Schutz zu nehmen. Ungerecht ist der Vorwurf der teueren Preise, denn wer die Weltstädte Europas kennt, wird im Vergleiche zu dem, was anderen Ortes gebeten wird, die Wiener Fahrpreise gewiß nicht zu hoch finden. Der Fiaker ist eben nicht für die breiten Schichten der Bevölkerung, sondern für jene bestimmt, welche in der Lage sind, die sichere, rasche Beförderung und dabei das Vergnügen, die Lust einer eleganten Fahrt bezahlen zu können und zu wollen.
„Kaiser-Jubiläums-Führer", 1898

Im Vergleich zum Fiaker ist der biedere, gutaussehende Droschkenkutscher ein einfaches Feld- und Wiesengewächs; meist wartet er dösend auf Kundschaft oder trinkt bescheiden seinen Punsch im Café direkt neben der Haltestelle. Bei den „Komfortabeln" handelt es sich hingegen um chauvinistische ungarische Patrioten, die unter ihren fettfleckigen Mänteln die friedlichen Gefühle eines Spießbürgers verbergen. Sie rekrutieren sich aus einem Kreis alter, lahmer Männer, die ebenso wie ihre Pferde die Jugendstreiche schon lange hinter sich ließen. Der Komfortabel begnügt sich zumeist mit einem Trinkgeld von zehn oder zwanzig Kreuzern, und belohnt der Fahrgast die halbstündige Droschkenfahrt mit einem ganzen Forint, dann treibt er seine Gäule mit feuchtem Auge und dankbarem Herzen weiter.
István Szomaházy, 1896

Der Budapester Fiaker ist in der ungarischen Hauptstadt nach wie vor eine ungewöhnliche Figur; Moral, Benehmen, Höflichkeit und Krawatte hat er aus der österreichischen Kaiserstadt mitgebracht. Die Leopoldstadt, die ungarische City, ist innerhalb einiger Jahrzehnte stürmisch ungarisch geworden; dennoch besitzt die deutsche Seele in Budapest noch immer zwei starke Zufluchtsstätten: die Orpheumbühne und den Kutschbock des Fiakers. Der Fiakerkutscher spricht zwar ungarisch, aber mit seinen Pferden redet er deutsch, und deutsch wird auch mit den Gefährten gesprochen, werden die aktuellen Ereignisse debattiert. Der Budapester Mietkutscher ist zumeist hübsch, reinlich und putzsüchtig. Seine Krawatte ist noch immer feuerrot, im Knopfloch leuchtet die Kornblume oder Nelke, seinen Hut trägt er keck oder, moderner gesehen, geckenhaft. Loyalerweise muß jedoch anerkannt werden, daß der Budapester Fiakerkutscher seinesgleichen sucht auf dem ganzen Kontinent. Schmutzige oder schlampige Fiaker sind in der ungarischen Hauptstadt nahezu unbekannt. Sie sind alle durchwegs herrschaftliche Gespanne. Die Pferde sind schnell und gutmütig, und wäre die Lampe am Wagen nicht mit roten Zahlen beschriftet, könnte es der Fiaker mit den Equipagen der vornehmen Welt aufnehmen. Es war Budapest selbst, das diesen Prunk aufkommen ließ. Vor allem an den Nachmittagen im Frühling und Herbst fährt man gern auf der Stephanienstraße spazieren. In der Gegend um den Wasserturm schleichen an den Sonntagen die herausgeputzten Fiaker nur langsam hintereinander her. An allen Ecken und Enden steht der polizeilich festgesetzte Preis für eine Kutschenstunde angeschrieben: ein Forint und zwanzig Kreuzer. Aber der Kutscher fährt grußlos weiter, würde seine Arbeit mit armseligen fünf Forint honoriert. Doch auch diese Gebühr ist ein Spottpreis, verglichen mit jenem Tarif, den das Budapester Gewohnheitsrecht an den Nachmittagen einführt, an denen Pferderennen stattfinden. Es steht zwar mit fetten Lettern auf den Programmzetteln, daß der Kutschpreis der gleiche sei wie sonst, doch in Wirklickeit liegt er an diesen Nachmittagen durchaus bei fünfzehn, zwanzig, ja sogar dreißig Forint. Der Budapester Kavalier würde gerne auch mehr zahlen. (...) Als eine typische Figur der ungarischen Hauptstadt gilt der junge Stutzer, der gelangweilt die Beine übereinanderschlägt, während unter der gelbseidenen Decke die aristokratischen Spitzen der fein glänzenden Lackschuhe hervorlugen. Sind zwanzig Forint zu viel für ein solch herrschaftliches Vergnügen?
István Szomaházy, 1896

Rechts oben: Fiaker am Graben in Wien. Photographie von Bruno Reiffenstein. Um 1910
Rechts unten: Fiaker am Gizella tér (Giselaplatz, heute Vörösmarty tér) in Budapest. Photographie von György Klösz. Um 1890

Gegenüberliegende Seite: Einspänner auf dem Platz Am Hof in Wien I. Um 1890

Oben: Somossy's Orpheum in der Großen Feldgasse (Nagymezö utca). Photographie von Divald und Monostory. Um 1900

Unten: Das Etablissement Ronacher auf der Seilerstätte in Wien I. 1894

Für die Zerstreuung des Fremden ist in Budapest reichlich gesorgt. In dieser Beziehung bietet die ungarische Metropole wirklich Großstädtisches.
Die Vergnügungs-Etablissements sind durchwegs Wiener Ursprunges und bieten, wenn man seine Ansprüche nicht zu hoch schraubt, manches Sehenswerte. Eine ziemlich strenge polizeiliche Controlle sorgt für die Wahrung des Anstandes. Diese füllen sich meistens nach den Theatervorstellungen, und bieten stets prickelnde, angenehme Zerstreuung. Das Somossy's Orpheum in der großen Feldgasse ist ein schon äußerlich einladendes Vergnügungslokal. Nach den Plänen der Architekten Fellner und Helmer erbaut, macht das Gebäude einen sehr angenehmen Eindruck. Innerhalb luxuriös ausgestattet – in vielen Beziehungen ähnlich dem Wiener Ronacher'schen Etablissement, besonders der großartig angelegte Wintergarten, in welchem eine vorzügliche Musikkapelle allabendlich spielt – sieht es in seinen Räumen auch Besucher aus den vornehmsten Kreisen. Singspiele, Chansonetten, Akrobaten, Jongleurs, Zauberkünstler etc. sind ein Repertoire einer jeder Vorstellung.
„Illustrierter Führer durch Budapest", 1896

Der Fremde hat Wien nicht gesehen, wenn er nicht zumindest einen einzigen Abend im Etablissement Ronacher zugebracht hat, einer Varietébühne, die ihresgleichen auf dem Kontinente nicht findet. (...)
Dem gegenwärtigen Leiter dieses Etablissements, Herrn Direktor Waldmann, ist es gelungen, das Programm der Abende auf eine Entwicklungsstufe zu bringen, die wohl keiner Steigerung mehr fähig ist, und wo immer eine neue Kraft auftaucht, und Interesse erregt, ungesäumt ist dieselbe dem Etablissement verpflichtet. (...)
Das Etablissement Ronacher besitzt eine vollwertige Bühne, und wir sehen auf den Brettern derselben wiederholt echte Künstler von Rang und Ruf erscheinen. Die reiche Abwechslung, die ein Abend im Etablissement Ronacher bringt, erhöht den Genuß eines Besuchers dieses Tempels des Vergnügens, dessen Ausstattung und Einrichtung zu den glänzendsten und vornehmsten dieses Genres gehören. Vestibüle und Stiegenhaus, der Wintergarten, die chambres separeés, alles ist im stilvollsten Geschmack gehalten und wer das frohe und elegante Wien kennenlernen will, darf es nicht verabsäumen, das Etablissement Ronacher zu besuchen.
Kaiser-Jubiläums-Führer, 1898

Die Andrássy út ahmt die Seine-Metropole nach. Dieser breite, gepflasterte Boulevard ist ganz wie Paris. Ob im frühen Frühjahr oder im späten Herbst: Diese Straße durch das graue Häusermeer der Theresienstadt könnte gleich fünf solchen Städten zur Zierde gereichen. An den Nachmittagen im Mai und im September hat die Andrássy út Hauptsaison. Dann leert sich lärmend die große Tribüne auf dem Rennplatz, dann legt sich der Schleier der Dämmerung über die grünen Baumkronen des Stadtwäldchens. (...) Dicht an dicht schlendern die Sonntagsspaziergänger auf dem Asphalt. Die großen, schwarzen Pferde mit ihrem glänzenden Zaumzeug können nur Schritt für Schritt hintereinander hertraben. (...) Alles ist voller Lärm und Geplauder, die Pferde wiehern, von irgendwoher erklingt Musik. (...) Dies ist der einzige Ort, an dem der Budapester Lärm weltstädtischen Charakter annimmt.
István Szomaházy, 1896

Die Hauptstraßen der Stadt sind wie ein Museum mit Hunderten von glänzenden Vitrinen, in denen alles zu sehen ist, was Kunst, Natur und Gewerbefleiß hervorbringen. Schmuck und Edelsteine sprühen Feuergarben durch die dicken Scheiben; neben dem matten, köstlichen Glanz goldener Ketten hängen wie blitzende Tautropfen wasserhell funkelnde Brillanten, blutrote Rubinen und runde, silberbleiche Perlen. Elfenbein, Perlmutter, kostbare Hölzer, japanische Vasen mit einem Email, so zart wie Pfirsichblüten und Azur, Bronzefiguren mit dem sanften braunen Schimmer lebender Körper liegen und stehen neben Schals, dünn wie Spinnweb, unter schweren blauroten Perserteppichen und goldbeschlagenen Spazierstöcken. In den Auslagen der Kürschner hängen Felle, seidenbraun mit silberigem Reif, solche von zartem, wolligem Grau oder tiefem, glänzendem Schwarz, von denen sich die schneeigen Hermelinstreifen und Polarfuchsbalge abheben. Hier und vor den großen Konfektionshäusern mit ihren kunstvollen Arrangements von Spitzen, Kleidern, Schirmen, Batisthöschen und Seidenstoffen drängen sich die Frauen. In ihren Augen liegt ein ganzes Meer von unbewußten und heftigen Wünschen und manche Hemmung schwindet vor dem Gedanken an eine Zobelboa oder eine Astrachanjacke. Man könnte auf die Beantwortung der Frage: „Was wollen Sie lieber: das Wahlrecht oder einen Sealskinmantel?“ getrost eine bedeutende Wette abschließen. Gegner der Suffragetten oder der Frauenemanzipation überhaupt können sich vor Pelz- oder Modewarengeschäften, auch vor Juweliersauslagen die beruhigende Überzeugung verschaffen, daß es, dem alten Adam entsprechend, eine ewig junge Eva gibt und daß der Apfel schließlich nur ein Symbol ist.
Paul Busson, 1913

Oben: Die Andrássy ut in Budapest. Um 1899

Unten: Die Kärntner Straße in Richtung Stephansplatz. Photographie von M. Manenizza. 1900

Links: Blumenfrau und Aufhackknecht in Wien. Photographie von Emil Mayer. Um 1910

Oben: Blumenmädchen auf der Andrássy út in Budapest. 1905
Unten: Wiener Dienstmann im Prater. Um 1913

Die Wiener Straßen entrollen ein Bild, das sich von Minute zu Minute immer verändert. Die zahllosen Blumenmädchen - zumeist sind dies alte Weiber oder ganz unmündige Kinder – stellen sich den Passanten in den Weg und das „Blumen g'fällig, gnä' Herr!" verfolgt den Fußgänger auf allen Stegen. Dazu kommt noch, daß die Fußsteige in Wien durchwegs sehr schmal sind und der Pfad daher durch diese Zudringlichkeit ungemein gehindert wird. Unter den Wiener Blumenmädchen nimmt nur die „fesche Toni" in der Kärntnerstraße die Aufmerksamkeit der Wiener in Anspruch. Die „Toni", ein starkes, bildschönes Weib mit einem geradezu mehr als schön zu nennenden Gesichte, das ein kleiner, hübscher Mund, feurige Augen und eine hohe Stirne zieren, ist eine echte, schnippische Wienerin voll Lebenslust und Humor. Der Chic, mit welchem sie ihre Blumen anzubieten versteht, sowie die enganschließende, ihre schönen Körperformen zeigende Kleidung, und die blaue, breite Schürze um die Hüften; desgleichen das helle, rohe Kopftuch, das sie um das schöne Gesichtchen geschlungen hat, geben diesem Weibe etwas Anmuthiges, echt Wienerisches und Freundliches, das ihr unendlich viele Kunden verschafft.

Adolf Wimmer, 1892

Die schwarz-blaue Uniform, die Stiefel, der runde Hut mit dem Federbusch und der große Revolver an der Seite... all das ist komisch und erinnert irgendwie an die Ráday-Panduren, an längst vergangene Legenden. Ein solches Äußeres paßt in der Tat nicht zur Polizei einer Großstadt, einer Metropole.(...) Der Pester Polizist ist zumeist ein etwas ungehobelter Kerl. So weiß er zumeist nur vom Hörensagen, nicht aus eigener Erfahrung, was Worte wie Geist, Tugend und Takt bedeuten. (...) Doch wo könnte der Polizist auch einen Beweis seiner Tugend, seiner Einsicht, seines Taktgefühls ablegen? Sein Dienst ist heute so schwer, sein Gehalt so gering, die Verantwortung oftmals so belastend, daß die meisten Beamten diesen Zustand nicht lange ertragen. Und haben sie sich gerade in ihren Beruf hineingefunden, nehmen sie auch schon Abschied, um sich nach einem besseren Verdienst umzuschauen, einer Stelle, an der man nicht von ihnen verlangt, im winterlichen Frost, in stürmischem Orkan, im Schneegestöber mitten auf der Kettenbrücke zu stehen, die Brücke und ihre Löwen bewachend, den gähnenden Tunnel; gegenüber das Schloß, hinten der Lloyd-Klub, oben der Himmel, unten die wogende Donau – und zwischendurch denkt niemand an die langen Diebesfinger. Da kommt der Wind, mit frostigen, scharfen Zähnen und beißt sich in den Mantel des Polizisten. Da wirbeln die Schneeflocken und stehlen sich in den Mantelkragen. Da kämpft der Unglückliche mit Schnee, Wind und Kälte, mit den unbezwingbaren grimmigen Feinden. Warum und wie könnte er unter solchen Umständen Ordnung schaffen, irgendwo mitten auf der Kettenbrücke?
Kornél Tábori, 1910

Die Schar der Mädchen und Frauen aus den Dörfen rund um Pest bringt ihre Blumen bereits im zeitigen Frühjahr in die Stadt: weiße und lila Stiefmütterchen, Flieder, Veilchen, Tausendschönchen, weiße, gelbe und rote Rosen. Auf der Kossuth-Lájos-utca, auf dem Donaukorso und den großen Ringstraßen bieten sie ihre frischen Blumen an. Für sie bedeutet dies ein mageres Einkommen, für die Kunden eine Freude, oft sogar eine große. So belebt der Frühling die Pester Straßen, mit den vielberockten Frauen vom Lande, mit den Marktfrauen, die für die wenigen Kreuzer, die sie verdienen, hier in der Stadt einen Farbtupfer, Duft und Stimmung hinterlassen.
Kornél Tábori, 1913

Rechts: Budapester Polizist im Dienst. Photographie von Mór Erdélyi. Um 1900

Odol
Odol
RÜGG
KAKA

Wer nach einem Landaufenthalte von etlichen Wochen nach Wien zurückkehrt, den erfaßt in den ersten Stunden eine Art aufgeregten Taumels. Er fühlt sich inmitten aller Geräusche, die auf ihn einstürmen, unsicher, wie ein Betrunkener. Mögen auch seine Nerven durch irgendeine Kur wesentlich gekräftigt sein, er wird zuweilen von einem geradezu herzbeklemmenden Schreck gepackt, z.B. wenn ihm plötzlich von hinten ein Getöse um die Ohren fliegt, wie das Schließen eines Rollladens. Wohl in keiner Stadt des Kontinents wird so viel unnützer Lärm erzeugt wie in Wien. Gewiß hängt er zum Teile mit unserem Granitpflaster zusammen. Aber auch in den asphaltierten Straßen ist es nicht um Vieles besser, weil Menschen, Wagen und Hunde jederzeit aus Leibeskräften bemüht sind, ihr Erdenwallen so laut als möglich zu betonen, gleichsam, als fürchteten sie, sonst übersehen zu werden.
Eduard Pötzl, 1900

Dies ist unsere Straße, wie sie hier vor unseren Augen entsteht und sich formt. Man braucht nur hinzusehen, darf sich nicht von den Phrasen der Leitartikel verblenden lassen. Die Straße, das ist jene Menge, die in den verkehrsreichen Stunden um uns herum wimmelt, lauter Hände, Beine, Köpfe und eine Lebhaftigkeit, die von Jahr zu Jahr wächst. Jene Menschenart, die mit der Trambahn zu konkurrieren scheint, bereits ganz eigene großstädtische Ansprüche hat, die ihre geistige Nahrung heute noch aus billigen und volkstümlichen Zeitungen schöpft, aber deren Gestalt und Geist sich bereits zu formen beginnen – dabei ist ihre Vergangenheit kaum fünfzig Jahre alt.
Tamás Kóbor, 1905

Links: Blick vom Stock-im-Eisen-Platz in Richtung Graben; im Vordergrund Wagen der Pferdestraßenbahn. Vor 1908

Oben: Pferdestraßenbahn in Budapest auf dem Váci körút (Waitznerring, heute: Bajcsy-Zsilinszky út). Photographie von Mór Erdélyi. Um 1900

Heute hat fast jede große Stadt in Mitteleuropa, die sich rasch erneuern muß oder möchte - von Budapest über Würzburg bis Köln - ihre Ringstraße.
Aber Wien war die Erfinderin. (...) Hier und dort ein erzherzoglicher Palast, ein Museum, ein Sühnhaus, eine Oper, eine Börse... und dann in einer einzigen zusammenhängenden Flucht: Burgbau, Hofmuseen, vier gewaltige Denkmäler, zwei Parks, Reichsrat, Justizpalast, Rathhaus, Burgtheater, Universität und Votivkirche. Eine solche Straßenflucht gibt es nirgends auf der Welt.
Die Ringstraße ist die Herzader Groß-Wiens. Sie hat Raum für Freud' und Leid der Zukunft, so weit und breit auch die Stadt noch wachsen mag. Heute ist sie ausgebaut, glänzender als man in manchem trüben Zeitpunkte zu hoffen gewagt. Schon greift sie auch hinein in den Stadtkern und hinaus in die Vorstädte, sendet überall hin neues Blut, macht Mode und erzieht den Geschmack. Heute noch Umkreis, wird sie einst Kern sein, das Wien Wiens.
Ludwig Hevesi, 1895

Der Große Ring bestand vor drei Jahren nur auf dem Papier. Heute ist er ein wahr gewordener Traum. Wenn Architektur gefrorene Musik ist, dann ist diese Straße eine Stein gewordene schnelle Polka, die innerhalb weniger Monate gespielt wurde. Sie durchquert die Außenbezirke und haucht ihnen weltstädtischen Geist ein. Sie ist wie ein riesiges Lasso, das die Stadtbezirke umfängt und für die Stadt zusammenschnürt. (...) Schade, daß die Planer dieser Straße nicht daran gedacht haben, daß ganz Budapest Platz an diesem Ring finden soll!
Ödön Gerö, 1904

Links: Die Wiener Ringstraße mit dem Parlament, dem Rathaus, der Votivkirche, der Universität und dem Burgtheater. Photographie von A. Wimmer. Um 1890

Unten: Der Lipót körút (Leopoldring, heute: Szent István körút) in Budapest. Photographie von György Klösz. Um 1900

Heute mutet den älteren Wiener schon so manches Ringstraßenhaus durch relative „Altschaffenheit" vertraut an, und erscheint, was prunkende Fassade und innere Ausstattung betrifft, durch Neubauten selbst der Bezirke überholt, die Ringstraße als ganzes aber hat im Laufe der Jahre fortwährend an Geltung gewonnen, und zwar nicht allein durch den Glanz ihrer weltberühmten, allmählich schon vom Zauber leichter Alterspatina verklärten Monumentalbauten, sondern auch, weil sie dank ihrer Breite und ihrer schönen Anlagen zur beliebten Promenade der Wiener, dank ihrer Lage aber zu jener Straße Wiens geworden ist, welche reich und arm, alt und jung durchschnittlich am häufigsten betritt. Es gibt genug Wiener, die wochenlang nicht in der inneren Stadt zu tun haben und nicht auf den Stephansplatz kommen, ja die Stadt ist nachgerade so groß geworden, daß es vielleicht schon die Majorität der Wiener ist, deren gewöhnliche Zirkulation sich auf einzelne Bezirke oder Bezirksgruppen beschränkt. Aber auf „unsere Ringstraße" kommen wir alle oft, denn bei Berufsgängen wie bei Vergnügungsfahrten tangieren wir sie wenigstens. (...)
Man darf annehmen, daß schon ein großer Teil der Bevölkerung Wiens ästhetisch hinreichend entwickelt ist, um die architektonische Schönheit der Ringstraße, die je nach den Jahreszeiten und – dank der im Gesamteindrucke mitspielenden Anlagen – auch jahreszeitlich so verschiedener Stimmungen fähig ist, auf sich wirken zu lassen. Aber auch wer sich zu solchen Betrachtungen keine Zeit nimmt, auf den wirkt die Ringstraße noch in ihrer Eigenschaft als angenehme Promenadestraße. Man braucht nur aus einer der engen Straßen der inneren Stadt, oder aus der Mariahilfer-, Alser- und Währingerstraße auf den Ring zu kommen und man spürt, wie immer die Luft etwas reiner, kühler und frischer ist. Dünnere Besiedlung, bessere Reinigung und Bespritzung tragen dazu einiges bei, vor allem aber wirkt die Breite der Straße, und daß sie vermöge ihrer reichen Anlagen und weiten Erstreckungen den Charakter einer Parkstraße besitzt.
Reinhardt E. Petermann, 1905

Unten: Der Franzensring; rechts die Universität, im Hintergrund das Burgtheater und das Naturhistorische Museum. Photographie von A. Wimmer. Um 1890

Rechts: Der Kiskörút (Kleinring) mit dem Ungarischen Nationalmuseum in Budapest. Um 1900

TÖKE GY M
ILLATSZERTAR

Links: Terrasse des Budapester Café Central. Um 1900
Rechts: Kaffeehauskiosk des Café Korb am Graben in Wien I. Photographie von Emil Mayer. Um 1910
Unten: „Tisch der Künstler" auf der Terrasse des Café Japán. Links der Maler Pál Szinnyei-Merse (in hellem Überzieher), rechts der Maler und Graphiker József Rippl-Rónai (mit Spazierstock). Photographie von Gyula Jelfy. 1912

Die Kaffeehausdamen gelten als eine ungarische Spezialität. Diese Mode zog von hier aus hinüber nach Wien und von dort auch in die Hauptstadt der Großdeutschen. Natürlich denkt man in diesem Zusammenhang nicht unbedingt schmeichelhaft an unsere Stadt.
Die Meinung lautet: Die Dame, die ins Kaffeehaus geht, ist die Sumpfblüte der Ultramodernität, die man nirgendwohin hätte verpflanzen müssen.
Wir wissen nicht, welche Meinung die Feministinnen zu dieser Frage vertreten. Wir jedoch halten die Frauen, die stundenlang in Kaffeehäusern sitzen, für eine Kuriosität. (...) Die heutige Gesellschaftsordnung hat der Frau das Haus und den familiären Rahmen zugewiesen. Und solange diese Ordnung besteht, solange darf das Café nicht zum Treffpunkt der Frauen werden, denn so würde das Zuhause vernachlässigt und verwaist.
„Budai Hírlap", 1906

Ja, ja, also Wien liegt im Grünen; das muß man im Mai sehen, wenn der Flieder blüht und auf der Ringstraße Claude-Lorrainsche Bilder sich auftun, klassische Landschaften inmitten der Stadt, deren Reiz in dieser eigentümlichen Verbindung von Architektur und Gärten, hohen Bäumen beruht...
Sonst aber, in der Stadt, muß man sich wohl mit den Schanigärten begnügen, die allerdings auch eine Altwiener Spezialität sind, fliegende kleine Gärten aus ein paar Efeuwänden und Oleander im Kübel um einige weißgedeckte Wirtshaustische oder marmorne Kaffeehaustische gestellt, stilvoll, zur Einkehr einladend inmitten der Großstadthast, und Gartenstimmung hervorzaubernd, Sommernachtsgefühle unter halbverdeckten Lampen (...) „Schani (Jean), trag den Garten aussi", lautet die Frühjahrsparole, wenn die Luft weich und warm wird. Daher „Schanigarten", dieser letzte Biedermeier, der noch nicht ausgestorben ist.
Joseph August Lux, o.J.

Oben: Kärntner Ring mit „Sirkecke" und Hotel Bristol. Diese nach dem Inhaber des Galanteriewarengeschäfts August Sirk benannte Ecke war Ausgangspunkt des täglichen Korsos. 1913
Links: Donaukorso in Budapest. Photographie von János Müllner. Um 1910

Und ebenso wenig kennt Einer den ausreichenden Grund der vierfachen Wurzel jener anderen Thatsache, daß in diesem ganzen fünf Kilometer weiten Umkreise ein Abschnitt von etwa tausend Schritt derjenige ist, welchem jeder spazierengehende Fuß unwillkürlich zustrebt. Es sieht wie eine im Dunkeln schleichende Verschwörung aus, wenn auf der kurzen Strecke zwischen Kärntnerthor und Schwarzenbergplatz, aber nur auf der Stadtseite, jeden Abend ein unheilvolles Gedränge stattfindet, ein cityhaftes Menschengewühl, das sich auf seine eigenen Füße tritt und Arm in Arm mit sich selber auf und nieder wogt. Warum gerade hier und nicht anderswo? (...)
An der bekannten Straßenecke, wo Alles wie auf Commando kehrt macht, stauen sich die Gruppen von Rittern des Chic, der Monokel-Adel, die Bügelfaltokratie.
Ludwig Hevesi, 1895

Der Korso ist die Sommerausgabe der Váci utca, der schönste Spazierweg der Welt mit den schönsten Spaziergängern. Das überwältigende Budaer Panorama, die breite Donau mit ihren bewegten Wogen, die majestätischen Paläste: das ist der Rahmen. Die unzähligen promenierenden Mädchen und Frauen: das ist das Bild. Auf dem Korso dominieren die hellen Farben, die weichen Stoffe, das freie Gelächter, die mutigeren Bewegungen. Die Váci utca ist die Straße des Einkaufs, der Korso ist die Promenade des Flirts.
Ödön Gerö, 1896

Nach der Straße gilt der Platz als das wichtigste Organ, und das sowohl unter hygienischen als auch unter architektonischen Gesichtspunkten.
Der Platz ist nicht nur die Lunge der Stadt, sondern auch ein Ventil des Verkehrsstaus, ein Ort, wo die Bewohner verweilen, sich ausruhen. Ich möchte aber gleich feststellen: In unserer Hauptstadt gibt es keinen einzigen Platz, der unter jedem Gesichtspunkt die westeuropäischen Ansprüche an einen solchen befriedigen könnte. (...)
Die Bedeutung des Platzes – von der Athener Agora bis zum Budapester Freiheitsplatz – hat das Volk einer jeden Ära begriffen und versucht, ihm nach dem jeweiligen Zweck gerecht zu werden.
Das System, um es volkstümlich zu sagen, war das gleiche wie im Falle der Wohnungen. Auch in der Wohnung, in ihrer Konstruktion, Dimension, Einteilung, Einrichtung, ist das Vorzimmer von anderer Art als das Eßzimmer, das Arbeits- oder das Schlafzimmer. Eigentlich ist auch die Stadt nichts anderes als eine große Wohnung, die Wohnung von Hunderttausenden. Und wie bei der Konstruktion, Dimension, Einteilung und Einrichtung der Wohnung sind auch die Voraussetzungen der Nobelplätze anders als die der Verkehrsplätze. Dieser Unterschied scheint der früheren Stadtverwaltung etwas völlig Unbekanntes gewesen zu sein. (...)
Bei der Komposition des Platzes kam der Statue eine erstrangige Rolle zu. Dabei sind Platz und Statue gewissermaßen untrennbar voneinander. Im großen und ganzen. Denn für Budapest trifft diese Feststellung kaum zu. (...)
Der europäische Denkmalkult ist für Pest kaum charakteristisch. Bei uns ist man noch nicht so weit, die Statue um der Statue willen zu achten und zu schätzen, sie als ein dekoratives Element einzusetzen. Deshalb gibt es auf den Plätzen der Hauptstadt nur Porträtstatuen, solche, die jemanden darstellen, einen Soldaten, Politiker oder Dichter. Bei uns gibt es Zeichen der Erinnerung, doch das Denkmal als „Straßengalerie", als Kunstobjekt, als architektonisches Element ist unbekannt. Aus diesem Grunde gibt es in Budapest zum Beispiel auch so wenige Springbrunnen, da es in der Tat schwer ist, damit die Verdienste eines Handelsministers zu verewigen. Mit dem Springbrunnen auf dem Kálvin tér, mit dem Kristof-Denkmal im Rathaushof oder mit der Statue des heiligen Georg oben auf der Fischerbastei hat sich ein Stückchen Europa hierher verirrt.
Mihály Pásztor – Relle Pál, 1913

Links: Der Kálvin tér (Calvin-Platz) mit dem Danubiusbrunnen in Budapest. Photographie von Mór Erdélyi. Um 1910
Unten: Der Neue Markt mit dem Providentiabrunnen in Wien I. Photographie von August Stauda. 1902

Die Plätze sind die Gemächer einer Stadt. Wie durch lange Korridore wandelt man durch die Straßen, und gelangt man endlich zu einem offenen Platze, dann steht man aufatmend einen Augenblick still. Wenn sich der Blick weitet, wird die Brust freier. Und das Gefühl der Ruhe und Ausgeglichenheit zieht ein, wenn die Maßverhältnisse des Raumes harmonisch sind. Dann ist man heiter gestimmt und ist von der frohen Empfindung gehoben, „als ob einen nichts Übles anwehen könnte". Was Goethe da vom Markusplatz in Venedig sagte, kann mit gutem Fug auf die Altwiener Plätze angewendet werden. Wie schöne, stille Gemächer tun sie sich auf, darin alles wohl gestellt ist. Die Wohnhäuser, die Kirchen, die Paläste, die Monumente, die Brunnen. Wie die Möbel eines Saales stehen sie da, aus dem Wege gerückt und so gestellt, daß Höhe und Breite wohltuend übereinstimmen. Als hätte man durch eine Tür in ein wohlgeordnetes, trauliches Gemach geblickt, geht man weiter, beglückt und von aller Müdigkeit entlastet.
Joseph August Lux, 1907

Das Arkadenfest im Rathause, zu Gunsten der Kinderschutzstationen des Maria Josephinums und anderer humanitärer Vereine, erzielte einen vollen Erfolg. Unter dem Protektorate der Frau Erzherzogin Maria Josefa stehend und von einem rührigen, umsichtigen Komitee insceniert, konnte es auch nicht anders ausfallen. Varieté- und Theatervorstellungen wechselten in ununterbrochener Reihenfolge mit Gesangvorträgen, Kinderexerzitien, alpinen Tänzen und den Beschluß der beiden genußreichen Abende bildete die großartige Illumination der prächtigen Rathausfassade. Daß die bei allen ähnlichen Festen obligaten Verkaufszelte mit Kaffee, Tee, Milch, Bier, Bäckereien u.s.w. nicht fehlten, braucht nicht besonders registriert werden.
„Österreichische Illustrierte Zeitung", 1902/1903

Unten: Damen der Gesellschaft beim Arkadenfest im Wiener Rathaus zugunsten der Kinderschutzstationen. Photographie von Rudolf Lechner. 1903

Rechts: Damen der Budapester Gesellschaft bei einer Wohltätigkeitsveranstaltung. 1895

Die Wiener Hofgesellschaft gilt, und zwar mit Recht, als die exklusivste, und unterscheidet sich von der ihr so nahe verwandten in Berlin ganz erheblich. Anderseits aber bringen es die engeren räumlichen Verhältnisse, der Umstand, daß nicht gegen sich überhastenden geschäftlichen Verkehr alle anderen Interessen und Empfindungen zurücktreten, sowie jahrhundertealte Tradition mit sich, daß zwischen dem Hochadel und den anderen Kreisen Wiens gewisse Beziehungen bestehen bleiben, welche sich etwa in dem Wort zusammenfassen lassen: „Wir alle reden ‚weanerisch', wir gehören

z'samm'." Der Wiener stellt an seinen seßhaften Adel gewisse Anforderungen, die dieser auch erfüllt, und dazu gehört in erster Linie eine öffentlich geübte Wohltätigkeit. Jahr für Jahr gibt es aus diesem Grund irgend ein besonderes gesellschaftliches Ereignis, das zumeist seinen Zweck im vollsten Maß erfüllt und verhältnismäßig reiche Mittel zusammenbringt.
„Über Land und Meer", 1890

Die politische Bedeutung der Wiener Küche wurde bisher viel zu wenig gewürdigt. Die Wienerin kocht Versöhnung der Nationalitäten, Eintracht der Völker. Schon in späteren Morgenstunden, bei den erzwienerischen, vorkostenden Tafelfreuden des Gabelfrühstückes, treten die heimischen Würstel mit serbischem Rindfleisch und Szegediner Gulyas einträchtig auf den Plan. Tiroler Knödel, steirischer Sterz, böhmische Dalken, all diese Urgebilde der verschiedenen im Reichsrate vertretenen Königreiche und Länder, sind in der Wiener Küche neutralisiert. Von den Italienern hat Wien den Risotto, von den Türken das Pilaf freundnachbarlich übernommen, während die Grenzen österreichischer Kochkunst nach dem barbarischen Norden hin verschlossen sind, auch mit den französischen Konkurrentinnen, die sich bisweilen in „Pudding an Semul" und ähnlichen verdächtig semmelblonden Mehlspeisen versuchten, werden keine engeren Beziehungen gepflogen. Bei den aus der Provinz und den Nachbarländern übernommenen Kochkunstgegenständen geht es oft wie bei manchen Lenbach'schen Kopien: sie übertreffen das Original.
Erich Felder,1909

Viele Menschen behaupten – und das nicht ohne Grund –, Wohltätigkeit sei nichts anderes als die Gewissensbisse der betuchten Klassen. Der Reichtum geht einher mit schlechtem Gewissen, da man sich von den Freuden des Lebens einen Löwenanteil sicherte, während die Stiefkinder des Schicksals sehnsüchtig auf ein bißchen Glück warten, auf ein Fünkchen Freude. Wie auch immer: Mögen bloß die guten Taten nicht versiegen, wenigstens solange nicht, solange die Notleidenden und Armen Hilfe benötigen. Ein idealer Zustand wäre es natürlich, wenn niemand auf die Wohltätigkeit des anderen angewiesen wäre. Danach strebt der Sozialismus mit seinem Ziel. Leider sind wir noch weit entfernt von diesem idealen Zustand.
„Budai Hírlap", 1906

Die meisten Häuser in Wien sind „Zinshäuser", d.h. solche, in welchen verschiedene „Parteien" gegen Entrichtung einer bestimmten Miete wohnen.
Ein Wiener Hausherr ist das „Schrecklichste der Schrecken". (...) Noch mancher Wiener Hausherr ist im Stande, dir zu verbieten, einen Hund zu halten, oder kleine Kinder zu haben. Solch' ein unschuldiges Vergnügen erlaubt er dir nicht, dieser Haustyrann! Jetzt ist ihm eine Partei zu laut, dann wieder zu still. Auch hat er die üble Gewohnheit, alle Steuerzuschläge den Mietzahlenden aufzubürden. Neben dem Hausherrn waltet der Hausmeister seines Amtes und manches Mal weiß man gar nicht, wer Herr und Meister in einem Hause ist. Der Hausmeister ist etwa das, was der major domus bei einem Merowinger war – er regiert tatsächlich das Haus. Er ist zwar gegen ein gutes Trinkgeld zugänglich und läßt dich, wenn du „nobel" bist, nicht lange warten, falls du Abends „zu spät", d.h. nach der Sperrstunde kommst. Bist du so unglücklich, in einem Zinshaus wohnen zu müssen, oh dann, ich flehe dich an, versichere dich der Gunst des Hausherrn, versichere dich der Freundschaft des Hausmeisters. Sonst bist du sehr zu bedauern!
Karl Landsteiner, o.J.

Links oben: Mietshaus an der Ecke Rákóczi ut und Erzsébet körút (Elisabethring) in Budapest. Photographie von Divald und Monostory. 1908
Links unten: Der Philipphof am Albertinaplatz (früher Albrechtsplatz) in Wien I. Photographie von Martin Gerlach. Um 1910

Gegenüberliegende Seite: Zeitungsjunge auf der Pester Straße in Budapest. Photographie von János Müllner. Um 1910

Obwohl deren Zahl unbekannt ist, ist eines gewiß: In Budapest ist ein Meer neuer Häuser entstanden, große, hohe, prachtvolle. Was hat diese enorme Bautätigkeit zum äußeren Schmuck der Hauptstadt beigetragen, welches Erlebnis für Auge und Geschmack! Doch darüber werden wir vielleicht bei einem anderen Anlaß sprechen. Heute betrachten wir nicht das Haus, sondern die Wohnung, nicht den äußeren Prunk, sondern die innere Behaglichkeit.
Dabei muß festgestellt werden, daß es durchaus Grund für ausgiebige Bewunderung gibt. Das neue Haus hat sehr viel zu bieten – zugegeben nicht billig! –, was die alten Häuser nicht einmal gegen viel Geld bieten konnten. Es gibt in den neuen Mietspalästen viele Wohnungen, die den glücklichen Bankdirektor – falls er es sich leisten kann – mit dem ästhetischen Reichtum des Geschmacks und dem fürstlichen Reichtum der Bequemlichkeit umgeben.
Die Zinshäuser stehen eng nebeneinander. Von außen gesehen wirken auch sie wie Paläste, und auch hinsichtlich der Miete sind sie nicht bescheidener als diese. Sie weisen so viele Türme, Kuppeln und Pyramiden auf, daß man schon ein Mathematiker sein müßte, um sie alle zu zählen. Ihre Tore werden von jenen blendend hellen, falschen Edelsteinen der modernen Mietspaläste – den Fliesen, ungarisch Kachli – verziert, wie die Finger einer Varietésängerin durch ihre Ringe. Da gibt es einen Fahrstuhl, einen Vacuum cleaner, da gibt es Gas, Elektrizität, Telephon, eine Sprechanlage, alles, was Edison bereits erfand und noch erfinden wird, aber...
Aber hast du dich einmal umgesehen in der „mit aller nur möglichen Bequemlichkeit ausgestatteten modernen herrschaftlichen Wohnung", dann wird deine Seele statt von Freude langsam von Zorn und Bitterkeit erfüllt. Die dumpfe Luft gieriger, verschlagener und gnadenloser Spekulation bedrückt deine Brust. Angesichts der Räumlichkeiten, aus denen die Kunst der Raumausnutzung eine Vierzimmerwohnung schuf, fällt dir der Londoner Armenfriedhof ein, auf dem die Särge senkrecht bestattet werden.
Zsigmond Szöllössy, 1911

Budapest hält hinsichtlich der Zeitungen bereits den Rekord. Wo man geht und steht, erscheint ein neues Blatt. In dieser Woche wurden zwei neue Abendzeitungen herausgegeben, in der vergangenen Woche wurde eine Zeitung neu gestaltet, in der kommenden Woche wird wahrscheinlich wieder eine Kinozeitung erscheinen. Eine Morgenzeitung wird zum Abendblatt, eine Abendzeitung zur Kinozeitung, einer zweiwöchigen Kinorevue, eine Wochenschrift zu einer Museumszeitung und umgekehrt. Das ist unsere lärmende, doch nicht wertlose Kultur. Wo sind die guten alten Zeiten, in denen die Menschen gähnend die Zeitung neben ihrem Morgenkaffee ausbreiteten, das einzige, wichtige, ach so wichtige Blatt?
Heute zwitschern die Blätter mit dem Spatzenlärm um die Wette. Unsere Tage werden durch die fliegenden, rasenden, unruhestiftenden Zeitungen in viele Teile getrennt, und auf jede Stunde kommt eine Zeitung.
Mit ruhigem Gewissen könnte der Budapester seine Taschenuhr wegwerfen, denn die auf den Ringstraßen erscheinenden Zeitungen zeigen ihm mit der Präzision der Uhr die genaue Zeit an.
„Élet", 1913

Der Beruf des Zeitungsjungen ist gar keine so leichte Sache, wie sich das viele Menschen vorstellen. Seine Belange werden durch einen ausgezeichnet gelenkten Generalstab geleitet. Dabei ist die Arbeitszeit auf die Minute genau eingeteilt. Der Generalstab kauft das Blatt und gibt es seinen Zeitungsjungen gegen Provision ab. In den Generalstab können die alten, erfahrenen, reich gewordenen Zeitungsverkäufer gelangen. Sie laufen nicht mehr, sie betreiben Handel.
Es gibt Morgen-, Mittags- und Abendblätter. Die Morgenzeitungen werden zumeist durch Frauen und ältere Männer gehandelt; das ist ein sicheres Geschäft, und es ist ihnen vorbehalten. Das Kind hilft in einem solchen Falle vor allem der Mutter, dem Vater. Bei den Mittagsblättern übernimmt bereits das Kind diese Rolle. Die Kinder versammeln sich unter Aufsicht des Anführers in der Nähe des Verlages des jeweiligen Blattes, in einem kleinen, leeren Laden, Milchgeschäft oder an einem ähnlichen Ort. Hier warten sie auf die Zeitung. Kommt die Zeit heran, rennen die Zeitungsjungen durch die Hauptstraßen und stellen sich jeweils zweihundert bis dreihundert Schritte voneinander entfernt auf. Am Schauplatz bleiben nur die besten Läufer, die die Blätter zu Hunderten übernehmen und damit die Straßen in Windeseile ablaufen. Jedem wartenden Zeitungsjungen werfen sie ein Paket zu, in dem sich einige hundert Zeitungen befinden.
„Tolnai Világlapja", 1905

Links: Das Billardzimmer im Café Griensteidl in Wien I., Michaelerplatz. 1896
Rechts: Das Café Central in Budapest. Um 1910

Das Wiener Kaffeehaus, dessen Anfänge weit, weit in die Zeit unserer Vorfahren zurückgreifen, hat sich zu einer geradezu sozialen Notwendigkeit entwickelt. Schimpfe man über die Männer, die ihre Zeit im Kaffeehause vergeuden, rümpfe man die Nase über unsere schönen Wienerinnen, die das „dolce far niente" im Kaffeesalon so entzückend kleidet, man kann sich schlechterdings des Zaubers nicht erwehren, der von diesem Tempel wohlfeiler Gastlichkeit ausströmt.
Wenn man bedenkt, daß man um 50, sage fünzig Heller in einem erstklassigen Kaffeehause sitzt, das mit raffiniertester Bequemlichkeit ausgestattet ist, ein herrlich schmeckendes Getränk, das berühmte Wiener Gebäck erhält, über ein Heer hilfsbereiter Kellner verfügt, zwanzigmal umsonst telephonieren kann, Karten, Billard, Domino und Schach zu spielen Gelegenheit und Partner findet, sich in eine Anzahl von Zeitungen, Lexikas, Fahrplänen vertiefen darf, sich selbst Schuhe und Kleider reinigen lassen, warmes und kaltes Wasser, ja Maniküre haben kann, so ist eigentlich das hiefür beanspruchte Äquivalent an Geld geradezu lächerlich.
Der Wiener hat sein Kaffeehaus, liebt es, und hat auch Ursache, es zu lieben. Und ob er es liebt! Morgens, mittags, abends, nachts, bei gutem und schlechtem Wetter, zu jeder Jahreszeit, vor, nach und während der Werkzeit ist er daselbst zu finden und zu sprechen.
„Österreichische Illustrierte Zeitung", 1911/12

Wir bezeichnen Budapest mit Vorliebe als die Stadt der Kaffeehäuser – ja, sogar als die Hauptstadt der Kaffeehäuser. Eines ist sicher: Nirgendwo auf dem Kontinent gibt es eine Stadt mit dermaßen vielen prachtvollen, großen Cafés wie hier in unserer jungen, schönen Metropole. Und nirgendwo auf der Welt werden am Kaffeehaustisch, bei einem Kapuziner, so viele unterschiedliche Dinge erledigt wie hier in Budapest. Das bedeutet jedoch noch nicht, daß Budapest auf der historischen Landkarte der Kaffeehausentwicklung gleichsam als die Hauptstadt der Welt gilt. Wenn wir auch heute an vorderster Stelle stehen, so waren wir dennoch nicht die ersten.(...) In London nämlich wurde im Jahre 1675 das erste Kaffeehaus durch einen Händler eröffnet, der in der Türkei den Duft des Getränkes erstmals genossen hatte. (...) Doch nicht nur London hat uns mit dem ersten Café überrundet, auch unsere Schwesterresidenz, nämlich Wien. Und das ist auch schon hundert Jahre her...
„Vasárnapi Ujság", 1906

Auch anderswo wird in den Kaffeehäusern die Zeitung gelesen, die Zeit verbracht, werden Karten gespielt. Doch das, was wir in unseren Cafés erleben, das ist in der Tat eine Budapester Spezialität, die tiefere Ursachen hat: In den Cafés der Hauptstadt erledigen der Rechtsanwalt, der Händler, der Arzt ihre Geschäfte und sonstigen Angelegenheiten; sie werden somit zu wahren Büros, in denen die Menschen ihre Korrespondenz und sonstige schriftliche Verpflichtungen abwickeln.
„Erzsébetváros", 1907

Jawohl, wenn man den Namen „Wien" ausspricht, so vernimmt man sofort Musik. Wien ist die Stadt der Musik par excellence! Wien hat eine eigene Klangatmosphäre, und könnten die Bewohner des Mars oder der Venus die Harmonie der Sphären vernehmen, so würden sie gewiß das singende und klingende Wien heraushören.
In Wien erstanden und wirkten die größten Tonkünstler und die musikalischen Klassiker, der elegante Gluck, der anmutreiche Mozart, die liebenswürdigen beiden Haydn, der dämonisch große Beethoven, der unvergleichliche Schubert, in Wien lebten und starben sie. Hier schrieben sie ihre Meisterwerke und hier fanden sie das gehörige Verständnis für dieselben. Wien hat ein musikalisch gebildetes Publikum, wie keine Stadt der Welt. Dieses Publikum bildet eine Prüfungskommission für musikalische Ruhmeskandidaten. (...) Ja, die Musik ist unser Lebenselement. Wir schwimmen in einem Strom von Harmonien. Jeder halbwegs gebildete Wiener ist Musikenthusiast. Dazu kommen noch die andern, welche weniger gebildet sind. (...) Wien ist der Hauptstapelplatz für alle musikalischen Waren – und alle finden Abgang, die klassische und romantische, die Offenbach'sche und Wagner'sche Musik, jede Richtung hat ihre zahlreichen Verehrer und so prononciert sind die musikalischen Parteistandpunkte, daß es bei Gelegenheit der Aufführung von neuen Opern im Opernhause zu förmlichen Schlachten kam. Wien ist das Eldorado der Musiker. Das wissen die Künstler der ganzen Welt und darum kommen sie, Männlein und Weiblein, mit langen Haaren und Fingern, aus allen Winkeln der Erde und spielen den Wienern „etwas vor". Wer in Wien Glück macht, ist geborgen. Wer in Wien nicht reussiert, ist ein totgeborenes Kind der Kunst.
Karl Landsteiner, o.J.

Jene berühmte Statistik, die von 40.000 ungarischen Dichtern spricht, sollte modifiziert werden; eigentlich müßte es heißen: „In Ungarn sind 40.000 Menschen auch nach der Berufswahl Dichter geblieben."
Tatsache ist, daß in diesem gesegneten Land eigentlich jeder Mensch als Dichter geboren wird, doch daß schließlich nur 40.000 die Laute schlagen, liegt daran, daß der überwiegende Teil rechtzeitig resigniert hat. Daß aber jeder irgendwann einmal – vor allem in der Schulzeit – ein Dichter war, dafür gibt es stichhaltige Beweise. So viele bedeutende, hervorragende Menschen wir auch hatten oder haben, egal auf welchem Gebiet des öffentlichen Lebens sie auch wirken mögen: immer wieder graben emsige Detektive aus deren Vergangenheit wenigstens ein kleines Liedchen aus.
„Vasárnapi Ujság", 1906

Links: Das 1896 enthüllte, heute im Burggarten aufgestellte Mozart-Denkmal in Wien I., Albertinaplatz (früher Albrechtsplatz). Photographie von Bruno Reiffenstein. Um 1900
Rechts: Das Sándor Petőfi-Denkmal auf dem gleichnamigen Budapester Platz, rechts die griechisch-katholische Kirche. Um 1899

PETÖFI
TOTIS LAJOS
ILITS TESTVÉREK
ROSMAYER FE

Links: Das 1884 eröffnete Königliche Opernhaus an der Andrássy-út in Budapest. Photographie von György Klösz. 1896
Rechts: Die 1869 eröffnete Hofoper in Wien I., Opernring. Um 1890

Das am reichsten dotierte Musikinstitut Ungarns ist das Ungarische Königliche Opernhaus an der Andrássy út, das die Regierung, unterstützt durch die Großzügigkeit des Königs, auf einem von der Haupt- und Residenzstadt erworbenen Grundstück erbauen ließ. Das Gebäude entstand nach den Plänen von Miklós Ybl, dem Baumeister der Basilika der Leopoldstadt, und unter seiner Aufsicht. Am 27. September 1884 wurde es feierlich seiner Bestimmung übergeben. (…)
Die Innenräume der Oper rufen im Betrachter den angenehmen Eindruck ruhiger Eleganz hervor. Die Sitze sind so bequem, der Raum zwischen den Stuhlreihen so groß, daß wohl kein anderes Theater mit ähnlicher Raumverschwendung erbaut wurde. Diese Großzügigkeit ist wohl eine Folge der Katastrophe des Wiener Ringtheaters, so daß der Zuschauerraum in der Budapester Oper verhältnismaßig wenige Sitzplätze beinhaltet. (…)
An der schönsten Stelle des Zuschauerraumes befindet sich die königliche Loge, die als eine der teuersten Logen der Welt gilt. Immerhin kostet sie den großzügigen Fürsten jährlich 260.000 Forint. (…)
Die Oper verfügt heute, bis auf kleine Ausnahmen, bloß über ungarische künstlerische Kräfte, und auch die wenigen Ausländer sind bemüht, sich in den Rahmen des ungarischen Ensembles einzufügen. Das Budapester Publikum kann sich nur schwer an das ungarische Ensemble gewöhnen, da seine Ansprüche übermäßig hoch sind und es unsagbar verwöhnt ist. Das Problem ist die Nähe Wiens; die Eisenbahn bringt einen in viereinhalb Stunden dorthin, und die Wiener Oper, wo ein eventuelles Defizit von 100.000 Forint nicht von entscheidender Bedeutung ist, ist eben die beste Oper der Welt.
Jenö Sztojanovits, 1896

Unter den vielen Gaben, mit welchen ein gütiger Himmel Wien und die Wiener beglückt, ist es vor allem die Musik, das Verständnis, die Liebe zu derselben.
Was Wien seit Jahrhunderten an großen Tondichtern besessen, an unsterblichen Kunstwerken hervorgebracht und an lebendiger Musik in Bewegung gesetzt, das bildet, wie unser bedeutendster Musikschriftsteller der Gegenwart behauptet, eines der reichhaltigsten Kapitel der Musikgeschichte überhaupt und erstreckt seine Wirkung über die gesamte Welt.
Die Musik ist das belebende Element in Wien und an welcher Stätte, in welcher Form immer, in der Kirche, in der Oper, im Concertsaal wie in der derben Urwüchsigkeit der Volkssänger – es ist das elektrische Fluidum, das alle Wiener Herzen widerstandslos ergreift und mit sich fortzieht. (…)
Was die Hofoper betrifft, so nimmt dieselbe unbestritten den ersten Rang in der Welt ein. Das unübertreffliche Orchester, welches in den „Philharmonischen Concerten“ wahre Musterleistungen bietet, nicht minder die auserlesene Schar von Sängern und Sängerinnen, unter welchen wir eine Reihe der berühmtesten Namen finden, ermöglichen Aufführungen, deren Glanz und Höhe von keiner anderen Bühne erreicht wird.
Wien ist unverkennbar eine Musikstadt ersten Ranges. Die classischen Tonheroen Gluck, Haydn, Mozart, Beethoven, Schubert haben in Wien ihre herrlichsten Meisterwerke geschaffen; Johannes Brahms und Anton Bruckner blieben Wien getreu bis in den Tod, Karl Goldmark componiert hier seine prächtigen Opern, und Johann Strauß entzückt noch heute jedes Wiener Herz durch seine gemüthvollen Walzermelodien. Man kann sagen, daß in Wien die Melodien in der Luft herumflattern. Man braucht sie nur einzufangen!
„Kaiser-Jubiläums-Führer“, 1898

Vergessen wir nicht die Militärkapellen, die vielleicht populärste Form des Militarismus. Die Musikanten in ihren Uniformen bringen beliebte Melodien, spielen auf den Pester Straßen, in den sommerlichen Unterhaltungslokalen, in den Kaffeehäusern. Sie marschieren über die morgendlichen Straßen, trotzen Wind und Kälte. Selbst die faulste Pesterin verläßt die warme Lagerstatt, steckt ihren zerzausten Kopf aus dem Fenster und lauscht den Klängen der Blechtrompeten, der großen Trommel und der Tschinellen, wenn sich die Töne zu einem flotten Marsch vereinen oder zu einer schönen ungarischen Weise. Der Kapelle rennt eine lärmende Kinderschar voraus, wie ein Vorbote des sich bietenden großen Erlebnisses.

Die Militärkapellen machen die neuen Operetten- und Opernmelodien populär, und sie haben einen großen Anteil daran, daß auch jene Menschen diese Musikstücke kennenlernen, die ansonsten niemals Gelegenheit hätten, eine Oper oder ein Musiktheater zu besuchen.

Mögt ihr auch die Soldaten nicht achten, so achtet doch zumindest die Militärkapellen.

Kornél Tábori, 1910

Links: Militärmusik in Budapest. Photographie von János Müllner. Um 1910

Gegenüberliegende Seite: Militärmusikkapelle im Dritten Kaffeehaus im Wiener Prater. Um 1900

Vor den Kaffeehäusern drängen und stauen sie sich alle, ohne Unterschied des Alters und der Absichten, und nehmen die Musik mit einer förmlichen Gier in sich auf. Diese militärischen und zivilistischen Kapellen setzen eine Art künstlerischen Ehrgeiz darein, möglichst gleichzeitig zu spielen oder wenigstens unmittelbar nacheinander. Und während das rechte Trommelfell noch vom letzten Paukenschlag nachzittert, wird das linke schon von einem lieblichen Waldhornsolo gekitzelt. Alle Kapellen haben fast dasselbe Programm; zuerst eine Ouvertüre von Auber oder Bellini, dann ein Marsch vom Herrn Kapellmeister oder einem Kollegen, dann ein Walzer, und nun löst ein Potpourri, ein Tongemälde das andere ab, und wenn die Zuhörer einem langwierigen Stück brav gelauscht haben und Beifall klatschen, werden sie durch eine lustige Draufgabe belohnt. Aber sonderbarerweise wirkt hier nicht die wienerische und urwüchsige Musik am stärksten, weder Strauß noch Lanner, noch irgend ein Heurigenlied. Dafür schwärmen, wie es scheint, nur mehr die eleganten Leute. Hier schwört man auf Meyerbeer, auf Leoncavallo, auf Wagner, und wenn dann Isoldens Liebestod mit der gewissen blechernen, energischen Lebensfreudigkeit exekutiert wird, pfeift mancher falsch, aber ausdrucksvoll mit, blickt bedeutsam drein und fühlt sich in diesem Augenblick gewiß als ein besserer, edlerer Mensch.

Ludwig Hirschfeld, 1909

Wien war eine Theaterstadt, ist eine Theaterstadt und wird immer eine Theaterstadt bleiben. Es hat bessere, es hat aber auch schlechtere Theatervorstellungen gesehen, als sie ihm heute geboten werden. Die Theater waren zahlreicher, oft aber auch weniger zahlreich besucht als heute; es wurden in Wien bedeutendere und zahlreichere Stücke einheimischer und fremder Autoren aufgeführt, als dies in dem letzten Jahrzehnte der Fall war. (...) Wien hat bessere, es hat aber auch schlechtere Schauspieler gesehen, kurz wir wiederholen: Wien war eine Theaterstadt und wird immer eine Theaterstadt sein, die herrschende, die tonangebende Kunststadt, so weit die süddeutsche Zunge reicht. Ist es übrigens der richtige Maßstab, eine Stadt auf den geistigen Inhalt zu prüfen, wenn man ruft: Sage mir, welche Art Theater du hast, und ich will dir sagen, wer du bist?
„Wienerstadt", 1895

Links: Das 1889 eröffnete Volkstheater, erbaut von Fellner & Helmer in Wien VII., Neustiftgasse. 1894

Bei uns in Ungarn bedeutet das Theater etwas mehr als anderswo. Unter etwas mehr verstehe ich sehr viel. Bei uns waren die Theater nicht nur jener Ort, den wir aufsuchten, um die dramatische Kunst zu genießen, uns zu erheitern und vor allem, um hinter den Kulissen zu charmieren; sie dienten noch einem anderen Zweck. Sie waren Tempel des Patriotismus, welche man in den traurigen Tagen der Unterdrückung aufsuchte, um aus den Werken der dramatischen Dichter Trost zu schöpfen für die Schmerzen der Gegenwart und Hoffnung für die Träume der Zukunft. Aber nicht nur in der Vergangenheit hatten die Theater eine nationale Mission, auch heute haben sie sie noch. Sie waren gewissermaßen ein politischer Faktor, so wie sie zum Beispiel in Frankreich einen gesellschaftlichen Faktor darstellten. Es ist nicht uninteressant, daß der Sturm der 48er Revolution an jenem berühmten Abend auf der Bühne des Nationaltheaters entfacht wurde, als Sándor Petőfi und Mór Jókai während der Rezitation der Schauspieler auf die Bühne sprangen und den „Ruf der Freiheit" verkündeten.
József Márkus, 1896

Links: Das Vígszinház (Lustspieltheater), erbaut 1896 von Fellner & Helmer auf dem Lipót-körút (Leopoldring) in Budapest. Photographie von György Klösz. Um 1900

Girardi trägt viel Wienerisches in sich. Von den feinsten wienerischen Stoffen wie von den allgemeinsten hat er den Extrakt in sich gesogen; viele wienerische Elemente sind in ihm zu Essenzen verdichtet. Wenn er spricht, hören wir aus seiner Stimme die Urlaute des Volkes, wenn er singt, aus seiner Fröhlichkeit jenes niederösterreichisch-jauchzende Johlen trunkener Rekruten, das im Frühling und im Herbst immer durch unsere Straßen hallt. Im Aufschnalzen eines Wortes klingt die schnippische Anmut Wiener Vorstadtmädchen, und wenn die Leute von Girardi reden, schleppen sie auch sofort alle Wiener Typen zum Vergleich heran: den Fiaker, den Deutschmeister, den Zahlkellner, den Sportbaron. Aber das Wienertum, das er gibt, ist im Grunde nicht das Wirkliche, sondern es ist ein Wienertum, das er ganz allein erfunden hat. Wir spüren immer „Wien" bei ihm. Nur wenn er uns nicht völlig umnebelt, spüren wir zugleich auch: er macht etwas ganz anderes daraus, etwas, das eben wienerisch ist. Etwas, das vielleicht darüber ist, wie schließlich alle Kunst über dem Wirklichen, alle Dichtung über dem Wahren; aber etwas, das eine besondere Kontur hat; keine wienerische. Es ist eine halbechte, eine unwahre, doch in ihrer Unwahrheit eine entzückend mögliche und hinreißend eigenartige Kontur. Dieses Wienertum, das Girardi gibt, hat vorher nicht existiert. Seit er es ersonnen hat, wird es nachgeahmt. Die Leute haben im Theater von ihm gelernt, wie man wienerisch ist und haben es nachher kopiert. Hunderte seiner Einfälle, seiner plötzlichen Ideen vom Wienertum laufen jetzt verwirklicht und lebendig umher.
Felix Salten, 1910

Oben: Alexander Girardi als Zsupán in der Operette „Der Zigeunerbaron" von Johann Strauß. Photographie von Rudolf Krziwanek. 1885

Rechts: Szene aus einer Budapester Aufführung der Operette „Die Lustige Witwe" von Franz Lehár. Photographie von Strelisky. 1906

Die Welt der Operette erinnert an das große deutsche Reich. Im Mittelpunkt steht jener, der den Kaiser Wilhelm verkörpert, der geniale Ilka Pálmai; dann folgen die Höflinge: Klára Küry, Sára Fedák, Ilona Szoyer und noch andere Damen. In den verschiedenen Landesteilen wiederum gibt es die kleinen Fürstentümer mit ihren Fürsten, den Soubretten-Primadonnen. Sie werden hoch in Ehren gehalten, und wird die Grenze ihres kleinen Landes passiert, sinkt ein jeder vor ihnen in den Staub und empfängt Ihre Durchlauchten mit Blumen. Wenn sie sich auf der Bühne huldvoll verneigen, von vorne nach rechts zwei Schritte, von hinten nach links vier Schritte tun, erstrahlt der Morgen des ruhmreichen Tages auf immerdar.
Mag der Wurm den Weizen abfressen, mögen die Rimamurányi-Aktien Mitte des Monats um dreißig Forint fallen, die Pest ausbrechen oder lange Finger die Geldbörsen mopsen: Der Ungar ist glücklich, kann er der Primadonna applaudieren. Das Primadonnenfieber gehört zur Gesundheit jedes Menschen wie das Jägerleibchen zum Rheuma.
„Székesfehérvár és Vidéke", 1901

Die größte Spezialität und Berühmtheit des Budapester Musiklebens sind die Zigeunerbanden. Wenigstens 200 vorzügliche Zigeuner-Musikkapellen spielen vom frühen Nachmittag bis Mitternacht in den öffentlichen Lokalen aller Art und jeden Ranges, in den Speisesälen des Hotels, in den Gasthäusern, Kaffeehäusern, Bierhäusern und Unterhaltungsorten. In verhältnismäßig kleinen Lokalen spielen oft ausgezeichnete Zigeunerkapellen. Ihr Programm besteht aus älteren und neueren ungarischen Stücken, aus ungarischen Liedern. Doch kultivieren und kennen sie auch das Kunstlied, die Operetten, ja sogar die Opern. Ihre Spezialität ist das ungarische Lied, doch können sie nach einmaligem Anhören Alles spielen. Die bekannteren Zigeunerkapellen, die nach dem Kapellmeister – dem Primgeiger – benannt werden sind: Banda Marczi, Racz Pali, Piros Józsi, Balogh Poldi, Berkes etc.
Die Zigeunermusik bezahlt der Zuhörer nach Belieben, in den Teller des absammelnden Musikers soll man stets etwa Kleingeld geben;

das schickt sich so. Wir wiederholen, nach Belieben, man kann auch bei fünf Kreuzern beginnen, der Zigeuner nimmt das nicht übel; man kann aber auch große Banknoten geben, und das nimmt der Zigeuner noch weniger übel. Ja, er fragt sogar, welche die Lieblingsweise des großherzigen Spenders ist, und wenn es auch ein schottisches Lied, ein französisches Chanson, ein deutsches Lied ist, er spielt es, im schlimmsten Falle läßt er es sich – vorpfeifen.
„Ungarn, mit besonderer Rücksicht auf die Hauptstadt Budapest", 1896

Oben: Béla Radics mit seiner Zigeunerkapelle. 1897

Der echte Wiener Volkshumor ist bei den „Schrammeln" zu finden. In Dornbach, einem Ort in der Nähe Wiens, bei der „güldenen Waldschnepfe" sitzt die Wiener Gemüthlichkeit. Da singen die Natursänger ihre echten Wiener Lieder, deren Text und Melodie so in das Ohr klingt, als wäre Beides eine Mahnung aus höheren Regionen. Die Lieder, welche man da hört, zeigen das Wienerthum mit allen seinen Schwächen und seinen Schattenseiten, mit all seinem Angenehmen und Tadelhaften bis auf das I-tüpferl! In dieser Musik, die fast in allen Fällen von Johann oder Josef Schrammel, oder von dem angenehmen Johann Sioly geschrieben, liegt das unverfälschte Wienerthum und die Natursänger, mit ihren hellen und angenehmen Stimmen, wissen die Pointen dermaßen zu bringen, daß man staunen muß.
Wenn die „Schrammeln" bei der „güldenen Waldschnepfe" spielen, findet sich die Aristokratie und die noble Bürgerschaft Wiens dort ein. Man sieht hier die ersten Persönlichkeiten der Großstadt Wiens, Hochtorys, höhere Staatsbeamte, Großindustrielle, sowie Kleinbürger dicht zusammengedrängt sitzen und den Liedern lauschen.
Adolf Wimmer, 1892

Eine lange Wagenreihe (Fiaker aus der Stadt und flotte Kutschierzeugel aus den Vorstädten) verrät stets in Nußdorf das jeweilige Concertlocal der „Schrammeln". Man braucht Niemanden darnach zu fragen, sondern schaut nur ein bißchen die Straßen hinauf und hinunter. Wo die Wagen stehen, dort sind die Schrammeln; denn wie kämen sonst so viele Fahrzeuge vor einen Heurigengarten? Hier, losgerissen von aller Sorge und nur dem freundlichen Augenblick sich weihend, sitzen die Wiener beim Glase Heurigen und entzücken sich an den Weisen der Schrammeln. (...)
Allerdings werden die Geigen von den Brüdern Schrammel gespielt, die „Klampfen" behandelt ein Künstler wie Strohmeyer, und auf dem „picksüßen Holz" weiß Herr Dänzer wundersame Dinge zu leisten. Kein Orchester der Welt vermöchte mit diesen vier einfachen Musikanten um die Wette zu spielen. Sie haben des Wieners innerste Natur erlauscht und spielen die süßen und schneidigen Lieder, die aus dem musikalischen Born des Wiener Volkes quellen, just so, wie der Vollblutwiener dieselben denkt, aber mit künstlerischer Vollendung.
Eduard Pötzl, 1895

Links: Das Schrammel-Quartett beim Wiener Heurigen. Die Brüder Johann und Joseph Schrammel mit Geige, der Gitarrist Anton Strohmayer und der Klarinettist Georg Danzer; links - mit Zylinder - der Fiaker Bratfisch, Natursänger und Leibkutscher von Kronprinz Rudolf. Um 1890

In der Entwicklung der Architektur Ödön Lechners ist dieses Haus jener Punkt, an dem die Modernität und das Ungartum bereits miteinander verschmolzen sind. Hier kann sich die ungarische Moderne, die ihre eigene Individualität nun voll herausgebildet hat, stolz jenen einreihen, die an der Spitze der europäischen architektonischen Bestrebungen stehen. Lechner versuchte nicht den jahrhundertelangen Rückstand aufzuholen, er konstruierte keinesfalls mit rückschauender Phantasie den ungarischen Stil, sondern er merzte einfach auf einen Schlag das Wissen von unserer Rückständigkeit aus, indem er die ungarische Moderne in die europäische Moderne überführte. (...)
Auch bei diesem Haus, wie bei den anderen Lechner-Häusern, bildet die gebänderte Umrahmung den Kernpunkt der Oberflächendekoration, jene breiten, ungarisch rhythmisierten Linien, die die Oberfläche in Tafeln untergliedern. Mit ihren interessanten Zeichnungen erzielen sie eine dekorative Wirkung. Diese gebänderte, linienhafte Dekoration ist keine Laune, auch keine Idee, sondern künstlerisches Bewußtsein. Die Architektur Lechners gilt als eine Art Mitsprache der ungarischen künstlerischen Elemente in den Angelegenheiten der Weltkunst.
„Müvészet", 1902

Großwien brauchte einen Architekten, der nicht nur im Stande ist, der Sehnsucht nach neuen Reizen in der Kunst zu entsprechen, sondern auch das rein Technische seines Metiers vollkommen zu beherrschen. Dieser Architekt ist Oberbaurat Wagner, da er erkannte, daß die Bedingungen, unter welchen es heute zu schaffen gilt, ganz andere geworden, wie in früheren Tagen, warf er unbedenklich die alten Formen beiseite. (...)
Ganz besonders die Bevölkerung offenbarte für die Baukunst selten ein so intensives Interesse, wie sie es den großen Wagner'schen Bauten gegenüber manifestierte. Diese überaus erfreuliche Erscheinung ist hauptsächlich auf zwei Momente zurückzuführen: Wagner vermeidet alle „Archeologie", wie er es nennt, er setzt bei seinem Publikum keine kunstgeschichtlichen Kenntnisse voraus, er verlangt nicht, daß man sich den Kopf darüber zerbreche, was er sagen will – er sagt einfach heraus – das ist das eine.
Das andere ist, daß Wagner ein Wiener ist durch und durch, in seiner Lebensfreude, in seinem Geschmack, in seiner ganzen Art. Das erklärt auch die Tatsache, daß die „Wagner-Schule" innerhalb der Bewegung, die man mit dem Nennwort „Secession" bezeichnet, eine ganz besondere Position einnimmt, eine Position, die sich – nebenbei bemerkt – langsam, aber stetig zu einer dominierenden herauswächst. Lechner ist nicht mehr historische Schule, obgleich er von ihr herkommt. Er ist Programm, Reformer, moderner Geist. Eine neue Generation von Architekten erkennt ihn als Führer an. Er ist für Budapest das, was Otto Wagner für Wien ist, wenn auch bei scheinbarer Gegensätzlichkeit.
Joseph August Lux, 1917

Jugendstil in Budapest und Wien
Unten: Die beiden 1898/99 erbauten Mietshäuser von Otto Wagner auf der Linken Wienzeile in Wien VI., links das sogenannte „Majolikahaus". Photographie von Bruno Reiffenstein. Um 1910
Gegenüberliegende Seite: Das Postsparkassenamt von Ödön Lechner in Budapest. 1902

Das weiße Haus an der Wien steht nun vollendet. In sechs Monaten, wie sie sich vorgenommen, haben die jungen Künstler das Kraftstück fertig gebracht, ein großes neues Haus aufzustellen. Ein sehr neues, neu in jeder Linie, in jedem Punkte. Zu neu, viel zu neu für die alt gewöhnten Wiener und ihre bequem darauf los kopierenden Schulkünstler. In sechs Monaten hat der junge Meister es durchgesetzt, dem launenhaften Wiener Boden zum Trotz, der ihm zu entschlüpfen suchte. Unter großen Betonschwierigkeiten mußte er nämlich bezwungen werden, denn das Haus steht gerade auf dem Ottakringer Bach und acht Meter tief reichen seine Grundfesten. Und alle diese Monate her ist der Wiener Tag für Tag an dem seltsamen Hause vorbeigegangen und rundherum um das Haus. Er hat den Kopf geschüttelt, gelacht, sich geärgert, Witze gerissen. Scharen drängten herbei, so oft wieder eine neue Überraschung auftauchte, und überraschend war ja in der Tat jede Einzelheit. Aber je weiter der Bau gedieh, desto mehr mischte sich die Volkskritik mit einem Gefühl des Respekts. Man verstand noch nicht, aber man begann zu wittern, daß dieses Ding mit Lachen allein nicht abzutun sei.
Ludwig Hevesi, 1898

Der Nationale Salon auf dem Erzsébet tér ist heute wohl das bizarrste Gebäude Budapests. Es ist ein Gebäude mit einem wahren Janus-Gesicht: Sein unterer Teil und seine zum Platz zeigende Fassade wirken wie die seit langem bekannten und gewohnten Renaissance-Paläste. Das Obergeschoß und die Hauptfassade zur Straße hin wiederum sind ein bizarres, mit verwegenen Vorstellungen und mutiger Zeichnung projektiertes modernes Gebäude.
Da nun die erste Ausstellung dort eröffnet wurde, blieben die Augen des zahlreich herbeiströmenden Publikums sicher an dieser Besonderheit hängen. (...)
Auch daran wird man sich gewöhnen, denn mit Sicherheit werden wir sehr oft in Richtung Nationaler Salon wandeln, vor allem, wenn die Ausstellungen darin so interessant sein werden, wie es die erste war (...)
Das gesamte Gebäude schreit gewissermaßen das Bestreben nach dem Modernen heraus, als wolle es eine Parole der jungen Künstlergeneration sein. Und was wir schließlich in den Ausstellungsräumen sehen: das ist bereits eine Kriegserklärung gegen alles Überlieferte, gegen jenen Geist, der in der Sprache der Künste spöttisch als „Akademismus" bezeichnet wird.
„Vasárnapi Ujság", 1907

Oben: Das von Joseph Maria Olbrich 1898 erbaute Gebäude der Wiener Secession. 1898
Mitte: Budapester Künstleratelier. Photographie von Mór Erdélyi. Um 1900

Unten: Der Nemzeti Szalon, das Ausstellungsgebäude der Moderne auf dem Erzsébet tér (Elisabethplatz) in Budapest. 1908

Oben: Gruppenaufnahme der Secessionskünstler im Hauptsaal der 14. Ausstellung, die der Beethoven-Skulptur von Max Klinger gewidmet war. Unter den Künstlern Gustav Klimt (im Malerkittel) und Kolo Moser (vor Klimt sitzend). Photographie von Moriz Nähr. 1902

Kokett wurde auch die Straße, so kokett wie jene schönen Püppchen, die an hellen Wintertagen in den großen Schaufensterscheiben die Sonnenstrahlen betrachten. Die Koketterie der Straße basiert jedoch auf sehr prosaischen Grundlagen. An den Häuserreihen werden zwischen die Fenster, an die Ecken, auf die Fassaden, bunte Schönheitspflästerchen geklebt, auf denen Handelsleute ihre auserlesenen Waren dem großen Publikum anbieten. „Plakate" lautet der bürgerliche Name dieser bunten Papiere; sie wurden ehedem in irgendwelchen kleinen Druckereien gefertigt, mit plumpen Buchstaben, ohne Grazie, ohne Dekor. Das Plakat war lange Zeit das banalste Druckereiprodukt. Doch als der Handel die Kunst engagierte, einen jeden Griff und Kniff des Kunstgewerbes, um der eigenen Seife oder Schokolade zum Siege zu verhelfen, da erhielt auch das Plakat einen Platz unter den Werken der Künstler.
„Uj Idök", 1897

Reklame und kein Ende! Alles ist Reklame! – Wohin wir die Blicke wenden, überall begegnen wir mehr oder minder geschickten Versuchen, unsere Kauflust zu erregen. Es ist wahrhaft erstaunlich, was man in Wien in dieser Hinsicht leistet! Amerika, das Land der Annoncen, der Reklame und – des Humbugs, kann es uns nicht mehr zuvortun. Alle Mauerwände – ausgenommen die von der Polizei geschützten –, die Eisenbahnwaggons und Omnibusse, die Trinkhallen, ja sogar die Bequemlichkeitsanstalten sind mit großen und kleinen Plakaten bedeckt; Ankündigungen der verschiedensten Art: Theater, Bälle und Konzerte, öffentliche Vorlesungen, neue Bücher und Journale, Zirkus, Kosmoramen, Nebelbilder, Prestigiateure, Militärmusik und Gartenfeste, Praterfahrt, Wettrennen von Pferden und Hunden, Eissport und Regatta, Eröffnung einer neuen Bierhalle oder eines Kaffeehauses, Seiltänzer, Waren aller Art, die man nirgends so billig bekommt, wie in dieser oder jener „Handlung", Vergnügungsfahrten nach allen Teilen der Welt, Geld, so viel man will, gegen Hypothek und – Wucherzins, Witzblätter und journalistische Eintagsfliegen, Schwimmanstalten, Syphilidiatriden, Alles, Alles und noch mehr als Alles findet man da angekündigt in marktschreierischem Tone.
(...)
Was wird z.B. dem kauflustigen Publikum nicht Alles versprochen? Die ausgezeichnetsten, feinsten, unübertrefflichen Erzeugnisse der großen und kleinen Industrie um einen fabelhaft billigen Preis. Wenn man solch' eine Geschäftsanpreisung liest, so erhält man den Eindruck, daß der betreffende Handelsmann seine Waren aus reiner Menschenfreundlichkeit verschenkt. Und in der Tat ist es – fast so. Aber dieses „fast" wirft einen ganz erträglichen Gewinn ab und hat den Erfinder desselben zu einem reichen Manne gemacht.
Die Reklame muß durch Neuheit überraschen, sonst tut sie keine Wirkung. Wir sind abgestumpft und unempfindlich gegen die gewöhnliche Marktschreierei geworden. Nur das Außerordentliche kann uns reizen. Das wissen die Geschäftsleute und so sinnen sie denn Tag und Nacht darauf, wie sie eine – noch nie dagewesene – Reklame zu Stande bringen können. „Nur etwas, das zieht!"
Karl Landsteiner, o.J.

Oben links: Beim Studium der Stellenangebote in Wien. Photographie von Emil Mayer. Um 1910
Oben rechts: Beim Studium der Theaterplakate in Budapest. Um 1910
Unten: Plakatwände an einem Abbruchhaus in der Budapester Koronaherczeg-utcza (heute: Petöfi Sándor utca). Photographie von Mór Erdélyi. 1897
Gegenüberliegende Seite: Plakatwände in Wien I., Marc Aurel-Straße/Ecke Sterngasse. Photographie von August Stauda. 1906

W. WEIL
SAMUEL WILLENZ
BAUER
HERRENWÄSCHE
ERZEUGER
I. Sterngasse 6
VIS AVIS
J. KULKA
Tischler-
Sterngasse
N°3
Marsaletta
Dessert-Wein
LAUREOL
LAUREOL
LAUREOL
CAFE ECKL
Hôtel de Russie
Donaubad
PYRAWARTH
LOS
RUGER
CERANIC
CERANIC
3. Cafehaus
Flora

Überaus glücklich ist die innere Disposition des Hauses getroffen, so daß jeder Kauflustige ohne weiteres jene Abteilung des Etablissements findet, in welcher er seine Bedürfnisse decken kann. Er findet im Parterre alle Wasch- und billigen Wollstoffe vereinigt, das Mezzanin enthält alle Neuheiten in Wollstoffen für Damen- und Herrenkleider, ferner alle hellen und schwarzen Stoffe, der erste und zweite Stock umfassen ein ganz enormes Lager von allen erdenklichen Arten Teppichen, Vorhängen, Laufteppichen etc. und die dazu gehörigen Dekorationsartikel. Alle Neuheiten, welche die Mode an französischen, englischen, deutschen oder österreichischen Fabricaten bringt, sind in jedem Rayon des Warenhauses A. Herzmanskys vertreten.
Die elegantesten Damen scheuen nicht den Weg aus dem Centrum der Stadt nach Mariahilf, weil sie wissen, daß selbst der capriziöseste Geschmack bei Herzmansky, aus dessen Lager schon so viele sensationelle Modeprimeurs ihren Weg in die Welt der glanzvollen Toiletten genommen haben, Befriedigung findet. Und die bescheidenere Frau aus der entlegenen Vorstadt erscheint nicht minder gerne als Kunde in diesen Räumen, in denen sie auch mit ihren an kleinbürgerliche Grenzen gebundenen Mitteln stets eine praktische und zugleich ökonomische Auswahl treffen kann, ohne deshalb ein Opfer des guten Geschmackes bringen, oder befürchten zu müssen, daß sie mit etwas veraltetem, unmodernem oder gar nicht preiswürdigem heimkehrt.
„Neues Wiener Tagblatt", 1897

Links: Das Warenhaus Herzmansky in Wien VII., Mariahilferstraße. 1899

Im Vergleich zu den Kaufhäusern von früher ist dieses Warenhaus in der Tat ein moderner Palast. Erinnern wir uns einen Augenblick an den alten Kaufhaustyp von Buda und Pest, um uns den schnellen Wandel der Zeit zu veranschaulichen. Das Personal dieser modernen Warenhäuser kommt einer kleinen Armee gleich, mit einer Stärke von nahezu zweihundert Mann, deren Gehalt jährlich 200.000 Kronen erreicht. Die alten Läden werden im Vergleich zu den Ausmaßen dieser förmlichen Waren-Stadt in der Tat in den Schatten gestellt (...) Die Frauen von früher mit ihren Krinolinen wußten vielleicht selbst nicht, was sie zu kaufen beabsichtigten, wenn sie ein Geschäft betraten. Sie ließen sich so lange Seide und Spitze zeigen, solange sie das Richtige nicht gefunden hatten. Heute ist selbst die Unsicherheit verschwunden. Betreten sie ein Warenhaus, so müssen sie sich zuvor im klaren sein, was sie kaufen wollen. Denn bereits die Einteilung des modernen Warerhauses ist so, daß die Waren in gesonderten Räumlichkeiten (im Souterrain ist ständig Ausverkauf) angeboten werden. In einem Extra-Raum (im Erdgeschoß) finden sich Spitze, Bänder und Gardinen, die Seiden- und Samtwaren sind im Zwischengeschoß. Also ist auch hier das vor sich gegangen, was die moderne Soziologie als Differenzierung bezeichnet. Damit besetzt das moderne Warenhaus von heute bereits drei Etagen, obwohl es auf den ersten Blick nicht so aussieht. Wer durch die Innenstadt spaziert, etwa durch die Rákóczi und Andrássy út, dem werden sofort diese neuen Typen des Budapester Handelslebens auffallen, da sie nun einmal äußerst auffällig sind. Schlank, in den Himmel ragend, ist ein solches Warenhaus vom Erdgeschoß bis zum Dachboden nichts als Glas.
„Uj Idök", 1910

Es gibt wohl keine zweite Straße in Wien, welche einen so imponierenden Eindruck des geschäftlichen Lebens machen würde. Den Fremden setzt das großartige Getriebe in dieser langen Straßenzeile in Erstaunen, und der Wiener fühlt es dort: „Hier sind wir Großstadt."
Frauen der höchsten Stände, wie Bürgers- und Arbeitsfrauen pilgern jahraus, jahrein dahin, um ihre Toilettenbedürfnisse zu befriedigen. In der Tat vergrößern sich die Geschäftslokale von Jahr zu Jahr, neue Warenhäuser, nach modernen Prinzipien erbaut und eingerichtet, entstehen, und in erheblicher Weise steigert sich der Verkehr.
„Wiener Bilder", 1896

Die großen Geschäftsstraßen in Budapest und Wien
Oben: Die Rákóczy út mit der Sankt Rókus-Kapelle in Budapest. Photographie von Mór Erdélyi. Um 1896

Mitte: Das „Pariser Großwarenhaus" in Budapest auf der Rákóczi út. Photographie von György Klösz. Um 1900
Unten: Die Mariahilferstraße in Wien. Um 1895

Das Geld ist eine verfassungsmäßige Macht. Es hat ein Parlament, das seine Gesetze erläßt und über diese wacht. Dieses Gremium, das Parlament Seiner Hoheit Geld, ist die Börse, die jetzt (...) einen pompösen neuen Palast erhalten hat.
Den Laien erfaßt sofort ein Gefühl des Respekts, wenn er durch das gewaltige marmorne Portal des neuen Börsenpalastes am Szabadság tér tritt. Hier also ist die Brutstätte der Millionen, und hier vibriert die Luft von dem geheimnisvollen, warmen Fluidum, das die unsichtbare, aber dennoch stets präsente Masse Geldes wie ein den Launen des Windes ausgesetztes Boot auf der Unendlichkeit der Ozeane bewegt, auf einem mehr oder minder veränderlichen Kurs. Manchmal allerdings kommen wilde Stürme auf, die nicht nur kleine Boote zerschellen lassen, sondern auch stabil wirkende, stahlgepanzerte Schiffe, weil solche Stürme eben auch die dicken Wände von Panzerschränken durchbrechen können.
Seine Majestät Geld gibt hier in seinem Zuhause ein ehrwürdiges Bild ab, hat aber nicht im geringsten etwas Feierliches an sich. Die frostige Ruhe der Banken ist hier fremd. Durch die zahllosen Räume schlendern unzählige Menschen und ballen sich zu Gruppen zusammen. In der Mitte werden Wertpapiere verkauft, die Tische der Banken umringt, die Fensterwand entlang mustern die Mühlenbesitzer in geräumigen Nischen den Weizen, in der hinteren Ecke werden Termingeschäfte in Getreide abgeschlossen. In scharfen und vollen Stimmen, im Tenor und Baß schrillt, posaunt, dröhnt es:
- Verkaufe Mais für April für sechsundachtzig!
- Kaufe für zweiundachtzig!
- Verkaufe Mais für zwanzig!
- Kaufe für zwölf!
Sie umtanzen einander wie Ringer, bevor sie sich ineinander verkeilen, kommen sich näher und entfernen sich wieder – und dann, plötzlich treffen sie aufeinander, aus den Taschen kommen winzige, gelbe Büchlein zum Vorschein – und der Abschluß ist getätigt. In diesem Moment ist auch schon der Wettkampf entschieden. Die eine Seite hat gewonnen, die andere verloren, doch eines weiß man noch nicht: wer der eine und wer der andere ist. Das stellt sich erst im April heraus, je nachdem, wie dann der Weizenpreis ausfällt.
„Vasárnapi Ujság", 1905

Oben: Das 1877 erbaute Börsengebäude in Wien I., Schottenring. Photographie von A. Wimmer. Um 1890

Unten: Der 1902–1905 erbaute Börsenpalast in Budapest. Photographie von Mór Erdélyi. Um 1906

Man kann sich nicht sattsehen an den Markthallen, diesen neuesten Sehenswürdigkeiten Budapests. Besonders die riesengroße zentrale Markthalle nahe der prachtvollen Franz-Josefs-Brücke und der Burg ist selbst für die Bewohner der Hauptstadt noch eine Attraktion. Und das ist kaum verwunderlich, denn nicht nur ihr eindrucksvolles Äußeres erweckt unwillkürlich das Interesse der Passanten, sondern auch ihre außergewöhnlichen Ausmaße. Um eine Vorstellung von der Größe dieses Gebäudes zu vermitteln – das eigentlich ein einziger gewaltiger Raum ist –, sei erwähnt, daß die Halle auf einer Fläche von nahezu 10.400 Quadratmetern errichtet wurde. (...) Und dort befinden sich (...) die kaum übersehbaren Stände der Obst- und Gemüsehändler, schön voneinander getrennt, sauber, anschaulich und in beispielhafter Ordnung. Orangen, Zitronen, Äpfel, Erdbeeren, Kirschen, Spargel, Radieschen, Kopfsalat, grüne Erbsen und anderes Gemüse und Obst sind in appetitlicher Anordnung in gewaltigen Mengen nebeneinander aufgereiht und bieten sich förmlich selbst dem Kunden an, was übrigens auch notwendig ist, weil die Marktfrauen von nun an nicht mehr wie bisher ihre Waren ausrufen und die Käufer durch lautstarke Sprüche auf sich aufmerksam machen dürfen. Überall an den Wänden steht das strenge Verbot, daß den Käufern nicht mehr laut zugerufen werden darf, wie es einst auf dem alten Marktgelände am Donauufer üblich war: Kommen Sie hierher, gehen Sie nicht dorthin, und so weiter.

„Vasárnapi Ujság", 1897

Oben: Die Markthalle auf dem Rákóczier tér in Budapest. Um 1900
Links: Die Markthalle in Wien IV., Phorusplatz. 1901

JULIUS MEINL
JULIUS MEINL KAFFEE - IMPORT
Artur Freudenfeld
PETROLEUM
Mehl Hülsenfrüchte & Kornbrot
DIRECTER KAFFEE-JMPORT
DIRECTER THEE-JMPORT
CACAO-UND
CHOCOLADEN-
FEIGEN-UND
MALZ-KAFFEE-FABRIK.
JULIUS MEINL KAFFEE-RÖSTEREI
JULIUS MEINL
JULIUS MEINL KAFFEE-THEE-CACAO
JULIUS MEINL KAFFEE-IMPORT

Julius oder Gyula Meinl - der größte Kolonialwarenkonzern Österreich-Ungarns
Oben: Geschäft am Oktogon tér in Budapest. Um 1900
Unten: Lieferlastwagen mit der Adresse des Stammhauses in Wien I., Fleischmarkt 7. Um 1900
Gegenüberliegende Seite: Die erste Filiale des Konzerns, errichtet 1894 in Wien VII., Neustiftgasse. Um 1900

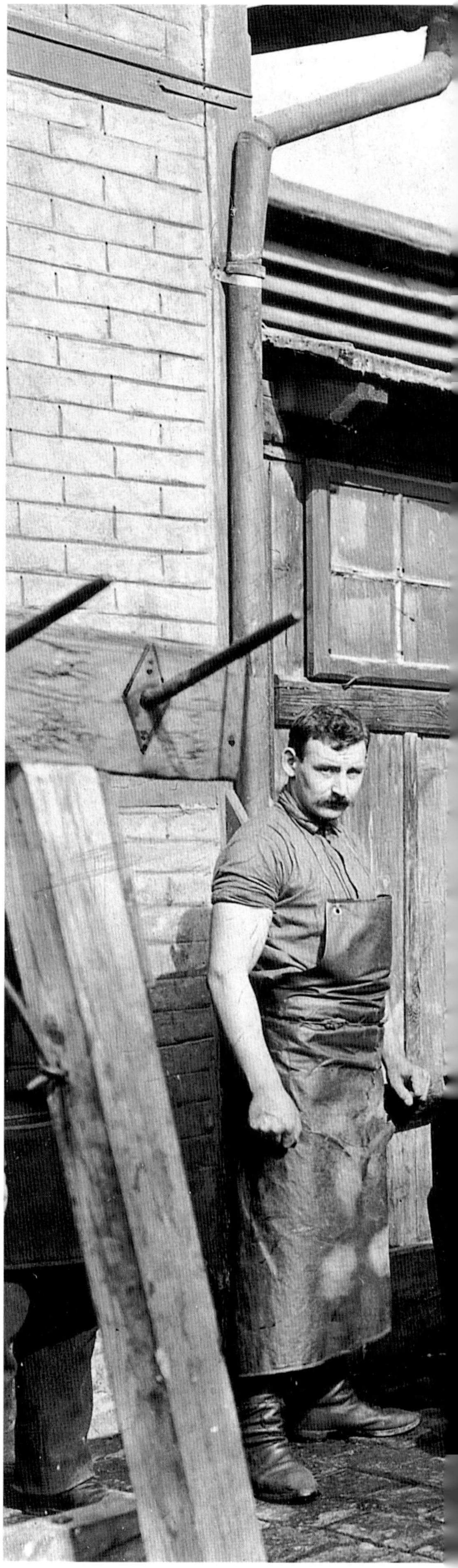

Auf dem Weg zur Weltstadt macht Budapest große Fortschritte. Man verkauft bereits Pferdefleisch. Der bekannte und liebenswürdige Bürgermeister der Stadt Wien, Lueger, hat vielleicht gerade an jenem Tag das Wort von den „sich ständig vollfressenden Ungarn" gebraucht, als in der Hauptstadt der Magyaren die Pferdefleischereien für die Armen eröffnet wurden.
Die an drei Orten am Stadtrand eröffneten Metzgereien können den Bedarf an Pferdefleisch kaum befriedigen. Auch Würste gibt es nicht genug. Auf diese Weise kommen auch die armen Menschen endlich einmal zu Fleisch - falls sie Zeit zum Einkaufen haben. Die Behörden haben nämlich verfügt, daß erst ab acht Uhr Pferdefleisch verkauft werden darf. Doch um diese Zeit sind die Armen, die sich nur Pferdefleisch leisten können, bereits seit zwei Stunden dabei, die für den Pferdebraten notwendigen Kreuzer zu verdienen. Zur Verbesserung der Lebensmittelversorgung verkaufen private Händler auch Meeresfische, das Kilo zu 25 bis 30 Kreuzern, und der Andrang an diesen Verkaufsstellen ist kaum zu bewältigen. Aufgrund der außerordentlich hohen Lebenshaltungskosten ist man bemüht, auch Wild bei der Bevölkerung beliebt zu machen. Es ist eigentlich merkwürdig, daß die Ungarn Wild nicht besonders mögen, wenn es sich nicht gerade um Hasen oder Rebhühner, Gänse oder Enten handelt. Auch billiges Hirsch- und Rehfleisch wird in Budapest nur wenig gekauft.
„Vasárnapi Ujság", 1905

Unter der fortwährenden Klage über mangelhafte und unzureichende Zufuhren von Mast- und überhaupt von Schlachtvieh, über zu hohe Viehpreise und notgedrungenen Aufschlag der Detail-Fleischpreise, wird die Bevölkerung Wiens nun schon seit einem halben Jahrhundert seitens der Wiener Fleischhauer in Aufregung erhalten, durch die vielfach tatsächlichen Erhöhungen dieser Preise aber jetzt schon zur Entsagung des Fleischgenusses gezwungen. Das Familienbudget reicht eben weder im Beamtenstande noch in den gewerblichen Kreisen, geschweige denn in der sogenannten „unteren Volksschnitte" zur Bestreitung der allernotwendigsten Bedürfnisse aus. Für einen großen Teil der Bevölkerung Wiens ist der Genuß von Fleisch – selbst in der Form der minderwertigen Wurstsorten – zum Luxusartikel geworden, dessen Ausfall aus der Ernährung wird am besten in unseren öffentlichen Krankenanstalten und von den praktizierenden Ärzten beurteilt, aber auch verurteilt. (...)
„Über die Frage der Fleischversorgung Wiens", 1904

Oben: Gruppenaufnahme mit Budapester Fleischhauern. Um 1890

Rechts: Schweineschlachthaus auf dem Zentralviehmarkt in Wien III., St. Marx. Um 1910

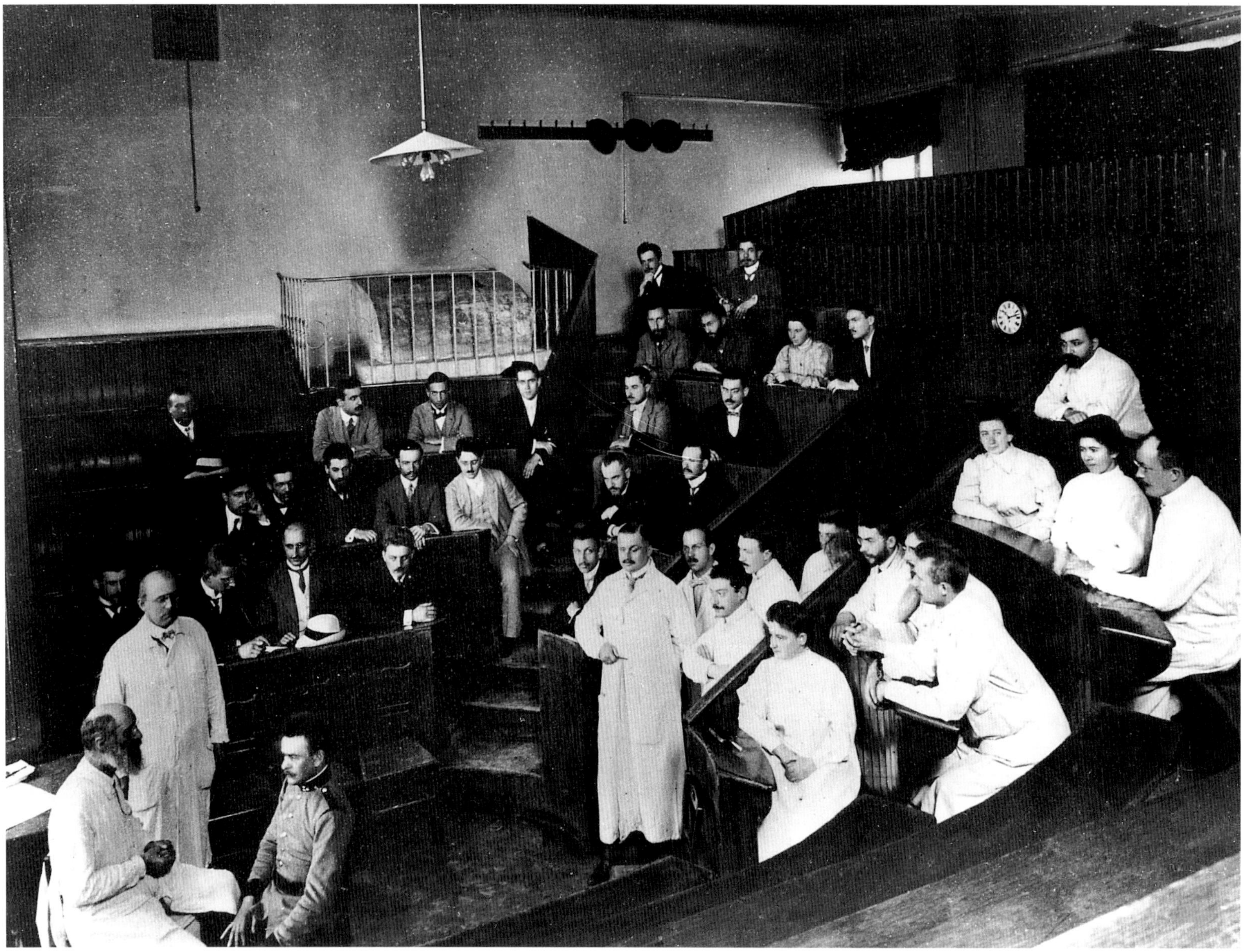

Oben: Prof. Ernst Fuchs im Hörsaal der II. Universitäts-Augenklinik in Wien. Um 1900

Gegenüberliegende Seite:
Oben: Prof. Frigyes Korányi mit seinen Assistenten bei der Demonstration im Hörsaal der Medizinischen Fakultät der Universität Budapest.
Unten: Prof. Max Kassowitz mit den Ärzten des Ersten Wiener Kinderkranken-Instituts, u. a. Sigmund Freud (1. von links), der von 1886 bis 1896 dort arbeitete. Um 1895

Die Schiebetür des Operationssaales öffnet sich, und das schmale Krankenbett mit seiner traurigen Last rollt herein, dicht neben den Operationstisch. Geschickte Hände heben den abgemagerten Körper des entsetzt um sich blickenden Kranken auf den mit Wachstuch überzogenen Tisch. Wie in einem Amphitheater sitzen die Medizinstudenten in den stufenweise ansteigenden Sitzreihen und mustern mit neugierigem Interesse den Gegenstand der heutigen Operation. Das Tageslicht strömt durch die breiten, großen Fenster und überflutet den unheimlichen Raum mit warmen Farben, die Sonnenstrahlen tanzen auf den blanken Instrumenten, dem weißen Marmor des Fußbodens und verraten die beklemmende Angst des armen menschlichen Wesens, das auf dem Tisch in der Mitte der „Arena" liegt. Sein bebender, zitternder Körper ist mit einem Laken bedeckt und läßt die scharfen Umrisse seiner abgemagerten Glieder deutlich erkennen. Soll er nur zittern, er hat allen Grund dazu. Die Anwesenden konzentrieren sich auf den Vortrag des Professors, der mit ruhigen Worten seinen Studenten erklärt, daß sich in dem einen Knochen des Patienten Tuberkelbazillen eingenistet haben und daß dieses Bein entfernt werden muß, wenn man sein Leben retten will, wobei sein Blick auf den funkelnden Messern, der scharfen Säge und den schweren Stemmeisen ruht, die sich schön geordnet dort neben dem summenden Dampfsterilisator vor ihm aufreihen. Die Medizin ist human, doch die Ärzte sind es nicht immer. Sie legen vor dem Patienten die Gerätschaften aus, mit denen sie seinen Körper bearbeiten werden, und denken dabei nicht daran, daß dieser Anblick in der Seele des Kranken ein noch intensiveres Bild des Schmerzes erwecken könnte. Zu ihrer Entschuldigung sei erwähnt, daß der Kranke von diesen Schmerzen in Wirklichkeit gar nichts spüren wird. Und siehe da, die Assistenten haben bereits die Pupillen und Herzfunktion des Patienten überprüft und festgestellt, daß der Narkose nichts mehr im Wege steht. Der kleine, mit Watte gefüllte Drahtkorb wird über sein Gesicht gestülpt, und während der eine Assistent den Puls des Kranken kontrolliert, tropft der andere aus einer braunen Flasche langsam Chloroform in den Wattekorb. Der Kranke zählt: eins, zwei, drei ..., das Zittern läßt nach, seine Stimme klingt tief und stumpf, das Zählen wird langsamer, hört schließlich gänzlich auf – der Patient ist eingeschlafen, und die Operation kann beginnen. (...) Der typische Ablauf einer heutigen Operation. Wie anders sah dies vor einem halben Jahrhundert aus! Von welch furchbaren Schmerzensschreien war der Raum erfüllt, und welche gewaltigen Qualen mußte der Kranke erdulden, der sich einer Operation unterzog!
„Uj Idók", 1897

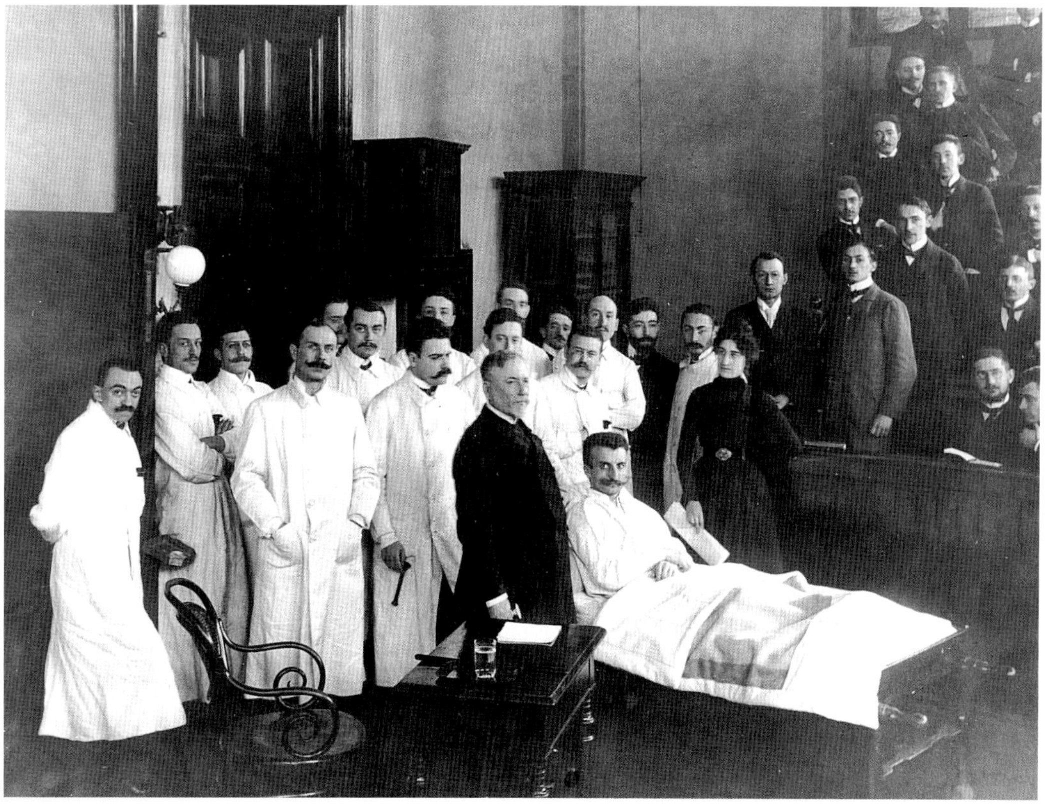

Ungarn ist weit und breit dadurch berühmt, daß wir sehr enthusiastische, tapfere und ausgezeichnet ausgebildete Feuerwehrmannschaften besitzen. Selbst beim Löschen von Bränden kommt beim Ungarn der ihm eigentümliche Husarengeist zum Vorschein. Er schreckt vor keiner Gefahr zurück. (...)Die Feuerwehr rast mit elektrischen Autos zur Brandstätte, und mit Hilfe von Dampfmaschinen ergießt sich eine wahre Wasserflut über die Flammen. Die Budapester Feuerwehr ist mit den modernsten Feuerlöschgeräten ausgerüstet, mit denen sie jede Art von Bränden bekämpfen kann.
„Tolnai Világlapja", 1911

„Juchheh! die Feuerwehr is da", jubelten die Buben und drängten in den Hofraum und sprangen auf die „Wasserlad'n" und machten sich an der Spritze zu schaffen, bis sie von der Sicherheitswache vertrieben wurden.
Nun wurde das Operationsfeld von den müßigen Zuschauern geräumt und bald überthönten die ruhigen Commandorufe der Feuerwehr das wirre Durcheinanderschreien der rathlosen Menge. In wenigen Augenblicken wurde der Apparat in Thätigkeit gesetzt; die Mannschaft drang durch die Thüre in den brennenden Raum und richtete zu gleicher Zeit von einer hohen Leiter einen mächtigen Wasserstrahl durch die Fenster auf den Flammenherd. Sofort drang ein dicker Qualm hervor und nach einigen Minuten wurde der noch eben hell leuchtende Raum stockfinster. Die Gefahr war vorüber. „Bravo, Vivat!" riefen die Hausbewohner ihren wackeren Rettern zu; und jetzt kehrte auch wieder ihre Besonnenheit zurück.
Vincenz Chiavacci, 1895

Oben: Feuerwehrübung in Budapest. Photographie von György Klösz. 1892
Rechts: Feuerwehrübung in Wien XIX., Grinzinger Platz. 1907

Zum Ziel
Leopold Aumayer

Selten hat eine Erfindung in so raschem Siegeslaufe die Welt erobert und ist im wahrsten Sinne populär geworden, wie das Telephon; kaum 19 Jahre sind seit der Eröffnung der ersten Zentrale in Wien verstrichen und heute zählt das Telephon zum unentbehrlichen Hausrat, der aus dem Geschäfts- und sozialen Leben nicht mehr wegzudenken wäre. (...)
Am ersten Dezember 1881 wurde die erste Centrale Wiens in einem Privathause der Friedrichsstraße eröffnet, an welche sich trotz der größten Bemühungen nicht mehr als 154 Abonnenten anschließen ließen. Heute besitzt Wien die zwei größten, in jeder Beziehung besteingerichteten Centralen der Welt in eigenen, prachtvoll und zweckmäßig hergestellten Amtsgebäuden. (...)
Betritt man einen dieser Säle, so verblüffen die Dimensionen und prachtvolle Ausstattung ebenso, wie das Getriebe in demselben. Tischartig ziehen sich die Vielfachumschalter der ganzen Saallänge entlang hin, zu beiden Seiten dieser langen Tische sitzen auf hohen Stühlen die Telephonistinnen (in beiden Centralen sind gegen 900 beschäftigt), welche die Bedienung besorgen. Neben der gleichmäßigen Uniformierung derselben überrascht die absolute Ruhe des Betriebes, so daß auch in nächster Nähe kaum mehr als ein leises Summen vernehmbar wird, obwohl hundert und mehr mit den Abonnenten sprechen, um deren nicht immer präcise abgegebene Aufträge entgegen zu nehmen. Alles unnötige Geräusch und laute Sprechen muß ängstlich vermieden werden, weil es nicht nur das Telephon der Sprecherin, sondern auch jene der Nachbarinnen afficieren und in dem Stimmengewirre alles verloren würde. (...)
Jede Telephonistin hat 80 Abonnenten zu bedienen. (...)
Die Uniformen sind sehr kleidsam und bestehen aus einem Empire-Kleid von dunkelgrünem Cloth mit Gürtel und Sattel à la grecque, verziert mit orangegelben Schnüren, weiter gehören dazu gelbe Schuhe, sowie ein eigenes Helmtelephon und Brustmikrophon. Letztere sind am Kopfe bzw. am Kleide befestigt, was insoferne vorteilhaft ist, als beide Hände zur Manipulation verfügbar bleiben. Jede Dame hat ihre eigenen Apparate, wodurch dem Umsichgreifen von Hals- und Mundkrankheiten durch Ansteckung vorgebeugt wird.
Überhaupt tritt das humane Streben der Staatsverwaltung, dem angestellten Personale das Beste und Modernste zu bieten, überall hervor, was die größte Anerkennung verdient, ist doch das Los der Telephonistin wenig beneidenswert.
„Österreichische Illustrierte Zeitung", 1900/1901

Oben: Vermittlungsstelle der k. k. Post- & Telegraphendirection in Wien. Um 1910

Gegenüberliegende Seite:
Oben: Budapester Telephonistin. Photographie von György Klösz. Um 1900
Unten: Telephonvermittlungsamt in Budapest. Photographie von György Klösz. Um 1900

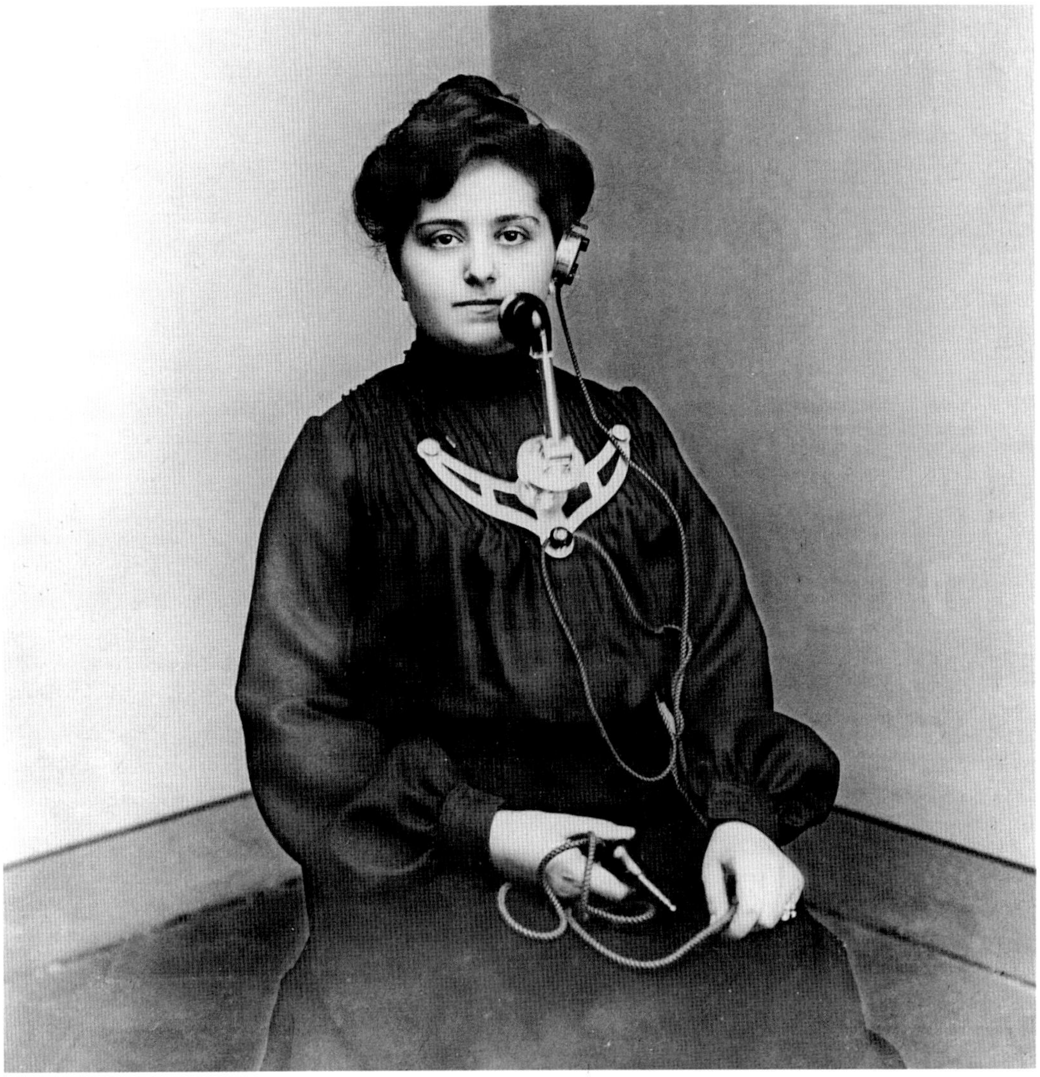

Das Telephon ist eine der vortrefflichsten Erfindungen Edisons, doch die Budapester Telephonistinnen sind neben ihrer Anmutigkeit und Liebenswürdigkeit auch die unverschämtesten kleinen Engelchen der Welt. Vielleicht mögen sie dauerhaftere Verbindungen nicht und verbinden einen deshalb alle drei bis vier Sekunden mit anderen Teilnehmern. Auf diese Weise kann man innerhalb von zehn Minuten mit den Fernsprechteilnehmern der ganzen Hauptstadt sprechen und andere Gespräche mithören, von Kobánya bis Újpest, Óbuda bis Promontor, von der Akademie bis zur Schweine- und Rindermästerei, von der Börse bis zum Armenhaus. Und dabei klingeln die Telephonistinnen in einem fort. Dr. Böke, der Ohrenarzt, ist bereits auf dem Weg zum Millionär. Das Telephon ist sozusagen zum Mittel des Hausfriedensbruchs geworden; und wo man es hinauswirft, dort ziehen Frieden und Ruhe ein.
„A Hét", 1891

Das wichtigste aller Lebensbedürfnisse ist die Luft. Die unumstößliche Wahrheit dieses Satzes ergibt sich schon aus der Erwägung, daß man in Notfalle auch tagelang ohne Speise und Trank, ohne Luft dagegen nicht einmal wenige Minuten leben könnte. Darauf wird man uns vielleicht vorhalten, daß Luft doch überall und umsonst vorhanden sei. Die atmosphärische Luft braucht eigentlich gar nicht verbessert werden, die Natur liefert sie speciell uns Wienern in vorzüglichster Qualität aus dem Wienerwalde. Aufgabe der Gemeindeverwaltung ist es bloß, die Quellen der Luftverschlechterung zu beseitigen oder doch tunlichst zu vermindern. (...)

Verminderung der Staubplage soll die Straßenbesprengung bewirken. Allein sie müßte tagsüber öfter wiederholt werden, als dies bisher geschieht. Das Irrationelle liegt darin, daß an windigen Tagen nicht öfter gespritzt wird, als an windstillen. Den Maßstab für die Häufigkeit des Turnus soll nicht der Kalender, sondern der wirkliche Bedarf geben, daher die Einstellung, respektive der Wiederbeginn der Straßenbespritzung nicht zu einem von vornherein bestimmten kalendermäßigen Zeitpunkte erfolgen sollte, ohne Rücksichtnahme auf die jeweilige Witterung. Ist Frost nicht vorhanden, so müßte auch in Wintermonaten die Straßenbesprengung nach Erfordernis vorgenommen werden, damit wir nicht, wie das leider so oft geschieht, mit Staub, der – nebenbei bemerkt – zum nicht geringen Teile aus Pferdemist besteht und welcher in unsere Augen, Ohren, Nase und Mund eindringt, förmlich paniert werden.
„Neue Freie Presse", 1892

In Pest gibt es keinen Staub, weil die Straßen oft und reichlich gesprengt werden. Beim Anblick des Straßenpflasters könnte man glauben, daß es hier ständig regnete. Diese Nässe wird jedoch von den warmen Sonnenstrahlen sofort wieder getrocknet. Das Sprengen der Straßen ist nahezu eine Manie der Ungarn. Überall sind diese Leute mit ihren Schläuchen unterwegs, hinter ihnen die Straßenkehrer, die auch das von den Bäumen herabfallende trockene Laub zusammenrechen. Ihre Arbeit führen sie mit solcher Gewissenhaftigkeit durch, daß man glauben könnte, in einer Zeit zu leben, in der es bereits keine Pferde mehr gibt. Zu zweit gehen sie von einem Hydranten zum anderen, ihre Tätigkeit führen sie so genau durch wie die Kanoniere neben der Kanone, und sie können auf den bevölkerten Straßen so geschickt mit dem Wasserstrahl manövrieren, daß sie keinem Schaden zufügen.
„Vasárnapi Ujság", 1903

Oben: Aufspritzwagen vor dem Palais Auersperg in Wien VIII. Um 1910

Rechts: Aufspritzwagen in Budapest. 1905

Oben: Probefahrt der ersten elektrischen Straßenbahn in Budapest. Um 1887

Unten: Der letzte Wagen der Wiener Pferdetramway. 28. Jänner 1902

Eine besondere Sympathie verbindet die ungarische Hauptstadt mit ihren elektrischen Straßenbahnen. Budapest war eine der ersten europäischen Städte, die diesem imposanten und eleganten Verkehrsmittel eine Heimstatt gab. Die elektrische Straßenbahn enstand gemeinsam mit dem Großen Ring und wurde dadurch gleichzeitig zum Symbol des modernen Budapest, das in einigen Jahren stolz seinen millionsten Einwohner in seinen Mauern zählen kann.
Nur selten bekommt man einen träg umherstehenden Straßenbahnwagen zu Gesicht, in dem dreißig Ungeduldige darauf warten, daß der inzwischen ausgegangene Strom von neuem den Wagen in Bewegung setzt. Es ist eine eigenartige Tragik des Schicksals, daß der Strom meist abends gegen halb sieben ausgeht, wenn die Menschen sich auf dem Weg ins Theater befinden. Die Straßenbahn ist in der Regel zum Erdrücken voll, und selbst bei den vornehmsten Personen der Gesellschaft, bei Ministern und Magnatengattinnen ist es nicht verpönt, die Straßenbahn zu benutzen.
Eine interessante Erscheinung ist es, daß der Budapester Mann in den Pferdebahnen mit orientalischer Gleichgültigkeit die stehenden Damen mustert, während er in der Straßenbahn jeder gutaussehenden Frau höflich seinen Platz anbietet – als ob die moderne Umgebung den Kavaliersinstinkt wecken würde.
István Szomaházy, 1896

Die Mitternachtsstunde des 28. Jänner war ein interessanter Augenblick in der Geschichte des Wiener Verkehrslebens. Um diese Zeit hat das letzte Pferdegespann der Tramway seine letzte Tour gemacht. Von heute ab sind sie keine Tramwaypferde mehr, und wenn man nicht sagen kann, daß sie sich ins Privatleben zurückgezogen haben, so haben sie doch ihren bisherigen Beruf verlassen. Und mit dem Geklingel der Schellen und mit dem Getrappel der Pferde verschwindet das Tramwaypferd aus dem Straßenbilde. (...)
Die Wagen waren mit Blumen, Wimpeln und alten Signallatemen dekoriert, die Pferde trugen Bänder- und Blumenschmuck. Auf der ganzen Strecke gab es förmliche Ovationen, man kann sagen, daß die Auffahrt der letzten Pferdebahnwagen sich wie ein Volksfest gestaltete. (...) Aus den Gasthäusern und den Cafés strömten die Gäste hinaus in die Nacht, um die letzten Pferdebahnwaggons zu grüßen. Kräftige Hoch- und Allheilrufe mischten sich unter die Kundgebungen für die wackeren Tramwaybediensteten, die förmlich stolz waren, als Acteure bei dieser Abschiedsscene mittun zu können. (...)
Spät aber doch langten die Wagen in der Remise ein, wo die letzten Pferdebahnwagen photographisch aufgenommen wurden.
„Illustriertes Wiener Extrablatt", 1902

Seit langem bestand bereits das Bedürfnis, zwischen dem Zentrum der Hauptstadt und dem Stadtwäldchen und seiner Umgebung eine kurze und direkte Verbindung herzustellen. Die Lösung dieser Verkehrsfrage stieß jedoch auf große Schwierigkeiten, teils wegen des starken Verkehrs auf der Andrássy út, teils wegen der von der Mehrheit der Stadtväter geteilten Auffassung, daß die Andrássy út ihres vornehmen Charakters nicht beraubt werden dürfe und Spazierfahrten und sonstigen Sportarten vorbehalten bleiben müsse, und daß für Budapest die Andrássy út das ist, was für Berlin Unter den Linden von der Schloßbrücke durch das Brandenburger Tor bis zum Tierpark, oder für Rom die Via Corso von der Piazza di Venezia über die Piazza del popolo bis hin zu der einzigartigen Allee Monte Pincio; oder was für Paris die Champs-Elysées vom Place de la Concorde bis zum Bois de Boulogne.
Unter diesen Umständen konnte die einzig richtige Lösung nur die sein, für deren Realisierung sich die Städtische Straßenbahngesellschaft und die Budapester Verkehrsbahnengesellschaft gemeinsam entschlossen; nämlich vom Gizella tér die Andrássy út entlang bis zum Stadtwäldchen unter der Erde den Weg für den Verkehr zu öffnen.
„Vasárnapi ujság", 1896

Er hat alle Erwartungen weit übertroffen, dieser erste Sonntag auf der vor kurzem dem Verkehr übergebenen unteren Wientallinie. Einen solchen Sturm auf Kassen und Züge hat man in Wien schon lange nicht gesehen. Es schien, als ob ganz Wien sich auf die Beine gemacht hätte. Jeder der zahllosen Züge war dicht gefüllt, auf der ganzen Strecke vom Praterstern bis Hütteldorf-Hacking herrschte auf den Bahnhöfen ein wahrhaft lebensgefährliches Gedränge. (...) Die Rückfahrt brachte selbstverständlich einen noch stärkeren Andrang. Von 7 Uhr Abends bis spät in die Nacht entwickelten sich auf den einzelnen Bahnhöfen, besonders in Hütteldorf bis zur Abzweigung nach Heiligenstadt in der Station Meidling wahre Schlachten. (...) Nur der Umsicht des Personals und dem trefflich functionierenden Verkehrsapparat ist es zu danken, daß unter diesen Umständen kein Unglück geschehen und kein trüber Schatten auf den Erfolg dieser Sonntagsprobe der neuen Stadbahnlinie fiel.
„Wiener Tagblatt", 1899

Oben: Haltestelle der Budapester Untergrundbahn am Gizella tér (Giselaplatz, heute: Vörösmarty tér). 1896

Unten: Stadtbahn-Station von Otto Wagner in Wien I., Karlsplatz. Photographie von Bruno Reiffenstein. Um 1910

52
ACHTUNG
ACHTUNG
RUDOLFSH M
81
16283
14571
15947
17953
40309

Oben: Kutscher und Schaffner vor einem zweistöckigen Omnibus der Budapester Verkehrsbetriebe. 1896

Gegenüberliegende Seite: Straßenbahnfahrer und -schaffner vor der Remise in Wien XV., Rudolfsheim. Um 1905

Die Tramway gehört nun einmal zu Wien wie der Salat zum Backhendel, wie das Kipfel zum Kaffee und wie der Kren zu den „Frankfurtern", die man in Frankfurt „Wiener Würstel" nennt, und ich möchte den Wiener kennen, der auf die Dauer ohne Tramway existieren könnte. Würde man mich aber fragen, woher denn diese Vorliebe des Wieners für die Tramway kommt, die doch unter den obwaltenden Umständen gerade nicht das bequemste und schnellste Vehikel der Welt ist, so würde ich behaupten, daß in erster Linie die politische Gesinnung des Wieners daran Schuld ist, denn der Wiener ist, trotz aller seiner loyalen Anhänglichkeit an das angestammte Herrscherhaus, der geborene Demokrat, und der Tramway-Waggon ist seinerseits das demokratischeste Fuhrwerk auf Gottes weiter Erde. Für den Tramway-Waggon gibt es keinen Rangunterschied, keinen Standesunterschied und keinen nationalen Unterschied: In seinem Innern sitzt einträchtig und friedlich die nach Eau de Cologne duftende Salondame neben der Frau Sali vom Naschmarkt, der General mit dem goldenen Uniformkragen neben dem gerade nicht in elegantester Toilette steckenden Hausknechte, der Pane Wenzlicku neben dem blonden Deutschen Michel und der eingefleischteste Antisemit neben dem polnischen Juden, und draußen auf der Plattform kann man in größter Gemüthsruhe zu gleicher Zeit mit dem einen Fuß dem hochwohlgeborenen Herrn Baron So und So, und mit dem anderen dem Nachbar Greißler auf die Hühneraugen treten – vorausgesetzt natürlich, daß sie sich's gefallen lassen.
A. Martinez, 1896

Zu den angesehensten Würdenträgern der öffentlichen Gewalten zählen die Kondukteure und Wagenführer der elektrischen Straßenbahn sowie das Personal der Stadtbahn. Wenn ein Kondukteur einen Fahrgast, dessen Namen er nicht kennt, der Einfachheit halber einen Esel nennt und der Fahrgast legt Wert auf eine andere Anrede, so kommt der Fall unbedingt und regelmäßig vor die Gerichte und der Fahrgast wird wegen Einmengung in eine Amtshandlung zu einer empfindlichen Strafe verurteilt.
Ottokar Tann-Bergler, 1909

Der Omnibus ist in den Augen der Budapester kein beliebtes Verkehrsmittel. Vor kaum ein paar Monaten wurde die neue Omnibus-Aktiengesellschaft gegründet, und das Unternehmen, das anfangs mit großen Hoffnungen seinen allerersten Wagen einsetzte, kann heute kaum mit einer blühenden Zukunft rechnen, obwohl die hohen zitronengelben Wagen nicht wenig zur Bereicherung der Farbenpracht in den Budapester Straßen beitrugen.
Sie wirken wie die Pariser Omnibusse Paul de Kocks, mit ihrer massigen Erscheinung, ihren plumpen Rädern – doch die Budapester Passanten, die das schnelle Tempo der Straßenbahn gewöhnt sind, entschließen sich nur schwer, den holprigen Omnibus anzuhalten. Die Omnibusse sind nur an Regentagen beliebt, bei schönem Wetter sehen die Budapester Spaziergänger mit einer gewissen Verachtung auf den hoch oben thronenden Kutscher, der sich mit der Verbissenheit einer Maschine nach den Signalen des Schaffners richtet.
István Szomaházy, 1896

Die Wiener Stiefelputzer verhalten sich, der Landessitte gemäß, abwartend, bis jemand ihrer bedarf. Sie haben ihre Standplätze dort, wo erfahrungsgemäß auch beim schönsten Wetter der zu ihrem Geschäfte notwendige Kot anzutreffen ist; da steht ihr Sessel und das Kästchen mit der hölzernen Fußform obenauf, und der Mann selbst harrt geduldig in Hitze und Kälte auf seine Kundschaft. Ich habe mitunter nachgedacht, wie es sich wohl fügt, daß jemand gerade Stiefelputzer wird; ob es beschränktes Gewerbe ist und ob ein Befähigungsnachweis dazu gehört? Ob er Platzzins und Steuer bezahlen muß? Wahrscheinlich; denn in unserem lieben Vaterlande braucht bloß einer im Verdachte zu stehen, daß er Maikäfer fängt, um sie zu melken, so bekommt er gleich eine Nummer und einen Steuerbogen. Ich denke übrigens, daß es ein Einfall wie jeder andere ist, Stiefelputzer zu werden und daß deren Zahl in Wien nur deshalb keine große ist, weil dieses Geschäft einen recht kargen Gewinn abwirft. (...) Vor allem gehört zu seinen Betriebsmaterialien ein Brettchen, dazu bestimmt, von den Füßen der Kunden die Feuchtigkeit des Bodens abzuhalten. Sein Putzkasten ist schön lichtbraun angestrichen und mit den Initialen seines Namens geschmückt. Sein Stolz aber ist die Auslage, welche er auf dem Sessel arrangiert hat. Hier liegen und stehen in geschmackvoller Anordnung große und kleine Wichsschachteln, um Käufer anzulocken, namentlich diejenigen, welche unter den flinken Händen des Stiefelputzers soeben eine Probe von der Vorzüglichkeit dieser Wichse erhalten haben.
Eduard Pötzl, o. J.

Diese Gestalten sind eigentlich der Beweis dafür, daß Budapest eine Großstadt ist. In Paris und London beispielweise gibt es Schuhputzer bereits seit Jahrhunderten, und sie fristen ihr Dasein in relativer Bequemlichkeit. Bei uns begann sich der Typ des Schuhputzers erst vor kurzem herauszubilden. In den anderen europäischen Großstädten befassen sich zumeist nur kleine Jungen, Kinder, mit dem Polieren von Schuhen. Bei uns jedoch haben sich erstaunlicherweise erwachsene, ältere Menschen auf diesen mageren, aber nicht sehr mühsamen Verdienst verlegt. Vor der protestantischen Kirche am Deák tér sitzt vielleicht schon seit zehn Jahren der alte, grämliche Schuhputzer, der vor der Trockenheit sicherlich genauso zittert, als wenn er Landgüter besäße und diese sich nach Regen sehnten. Sein ganzer Besitz ist jedoch bloß eine verwitterte Holzkiste mit einem ganzen Arsenal verschiedenster Putzutensilien, von der vulgären Schuhwichse bis hin zur Spezialcreme für den vornehmen Chevreaulack. Für fünf bis zehn Kreuzer putzt er die Schuhe so blank, daß sie nur so blitzen. (...)
Kornél Tábori, 1910

Gegenüberliegende Seite:
Oben: Der Westbahnhof (Nyugati Pályaudvar) in Budapest. Photographie von György Klösz. Um 1890
Unten links: Schuhputzer vor dem Nordbahnhof in Wien. Um 1910
Unten rechts: Schuhputzer auf dem Nagykörút (Große Ringstraße) in Budapest. Photographie von Mór Erdélyi. 1912

Oben: Der Nordbahnhof in Wien II. Photographie von Siebenlist & Mössl. 1890

Der Bahnhof ist das Tor der Städte. Durch ihn kommen die heiß ersehnten Touristen, dort betreten viele den Boden ihrer neuen Heimat, und zwischen seinen rußigen Wänden beben die Herzen, wenn der abfahrende Zug für immer die Verbindung mit dem bisherigen, vielleicht bitteren, aber dennoch mit unserer Seele verwachsenen Leben zerreißt. Schwere Seufzer, glückliche Hoffnungen, wehmütige Herzen, Zuversicht auf einen neuen Anfang vermischen sich hier auf dem Bahnsteig, der oft das Tor zum Leben oder zum Tod bedeutet. Durch dieses Tor möchte der Übeltäter entschlüpfen, der unter schrecklichen Ängsten den Zeiger der Uhr verfolgt, wie er der Minute der Abfahrt entgegenkriecht, und ohne es zu wissen, stachelt mit ihm gemeinsam den faulen Zeiger auch der Verliebte an, den der Zug zu einem heiß küssenden Mund bringt. Hier im Qualm der Lokomotiven vermischen sich Tausende Motive und Gefühle, und für den einsamen Betrachter bieten sich reichlich Charakterbilder für tiefsinnige Nutzanwendungen auf Städte, Zeiten und Verhältnisse.
Anfang Herbst pulsiert das Leben auf den Bahnhöfen am heftigsten. Der Sommer hat viele Menschen in die Mauern der Stadt gelockt, die sie jetzt wieder verlassen; die meisten Erntearbeiten sind beendet, und das Dorf gibt der Stadt diejenigen zurück, die es im Sommer brauchte. Es beginnen die großen Transporte, Menschen kommen und gehen, das im Sommer angelegte Geld beginnt zu zirkulieren, und erfüllte Hoffnungen oder das Schwinden der letzten Hoffnung bringen den Gutsbesitzer, den Kaufmann, den Arbeiter in Bewegung: den einen zu neuen Geschäften, den anderen in Richtung Amerika.
Kornél Tábori, 1913

Hurrah, dle Reisesaison ist wieder da! Mit fieberhafter Hast werden Koffer und Rucksäcke gepackt, Reisebücher noch einmal zur Hand genommen und noch in letzter Minute die Reisedispositionen, an denen man monatelang schon voraus gearbeit hat, umgestoßen. Wie blitzen nun wieder die Augen schöner Frauen und die Äuglein der Kinder vor Freude und Wandersehnsucht, wenn sie der Fiaker, das Auto, oder die Elektrische nach dem Abfahrtsbahnhofe bringt und in wenigen Minuten der Pfiff der Lokomotive die wirkliche Abreise aus dem Dunsthangar der Stadt anzeigt.
Dieses Reisefieber hat immer wieder für Alt und Jung, Groß und Klein seinen prickelnden Reiz. Die Aufregung, die halb freudige, halb bängliche Erwartung alles dessen, was in den nächsten Minuten geschehen soll, malt sich recht deutlich in den Mienen der Kleinen und Großen, die sich in den Wartesälen drängen.
Hier denkt einer noch einmal mit Wehmut an das liebgewonnene Stammbeisel, dort eine an die Klatschstunden beim Jour oder auf der Promenade, wieder eine andere oder ein anderer an dies und jenes, das man nun in der Sommerfrische oder auf der Reise zu entbehren haben wird.
Sobald aber der Zug aus der dumpfigen Bahnhofhalle draußen ist, und eine frische Brise, Landluft verratend, durch die geöffneten Waggonfenster zieht, verblaßt die wehmütige Stimmung und mit ehrlichem Feuereifer gibt man sich der Vorfreude an den Reizen des Sommeraufenthaltes hin.
„Österreichische Illustrierte Zeitung", 1911/1912

Gegenüberliegende Seite: Am Bahnhof vor der Abfahrt in die Sommerfrische. 1905

Oben: Am Bahnhof. Photographie von Mór Erdélyi. 1912

Von den verschiedenen Gewohnheiten des großen Westens ist uns vielleicht das Reisen während der Sommermonate am schnellsten in Fleisch und Blut übergegangen. Und während die Arbeiter bisher erfolglos für die „acht Stunden Erholung" kämpfen, ist es der Mittelklasse bereits gelungen, ihre einmonatige Urlaubszeit zu erringen.
Unter uns lebt noch die Generation, die weder den einmonatigen Urlaub noch die Sommerferien, das Baden und das Reisen als so wichtige Bedürfnisse empfanden wie die heutigen Menschen. Ihr ganzes Leben verbrachten sie brav an einem Ort. Mit der Eisenbahn hat sich all das verändert. Das „schwarze Ungeheuer", das in der Vorstellung Zolas noch gesellschaftlichen Hochmut und soziales Elend symbolisierte, beginnt sich zu einem sehr nützlichen, ja sogar notwendigen „Haustier" zu entwickeln. Viele Denker befassen sich schon mit dem Phänomen Eisenbahn und sehen in ihm das Sinnbild des Kosmopolitismus der Zukunft.
„Budai Hírlap", 1906

In der Hitze reifen die abenteuerlichsten Entschlüsse. Ich führte endlich aus, was ich mir schon so lange vorgenommen hatte, nämlich nach dem Gänsehaufen baden zu gehen, wo der Kneipp-Jünger Florian Berndl Luft-, Sonnen-, Sand-, Heu- und Wasserbäder errichtet hat. (...)
Ich übersah auf meiner Wanderung eine Latte mit einem aufgehängten Strumpfe oder dergleichen, der die Bedeutung innewohnt, daß an dieser Stelle der Ankömmling von dem Fergen des Gänsehaufens abgeholt wird. Als ich mich zurechtgefunden hatte und in dem Boote saß, sah ich das Badeetablissement drüben verlockend auftauchen wie auf einer verlorenen Insel im Ozean. Einige Hütten am Strande, daneben ein durch schwimmende Baumstämme abgegrenztes Bad und dazwischen ein Gewimmel von Menschen in „Sittlichkeitskleidern", wie der Kneipp-Apostel die schlichte Schwimmhose beim Manne, das lange Hemd bei Frauen nennt. (...) Ich möchte nicht unerwähnt lassen, daß das Publikum der Insel zumeist dem guten Bürgertum angehört, und daß sein Verkehr untereinander, auch dort, wo beide Geschlechter im Sittlichkeitskleide zusammenkommen, durchaus frei von jeder Frivolität ist. (...) Auf dieser glücklichen Insel fällt eben die Nacktheit niemand mehr auf, sie gilt als der einzig mögliche Zustand, um die Vorteile des Aufenthaltes zu genießen, und man will es daher offenbar den Frauen nicht schwer machen, auch ihrerseits so viel als möglich von Luft und Sonne herauszuschlagen. Ein Beweis mehr dafür, daß Prüderie nicht das beste Erziehungsmittel ist.
Eduard Pötzl, 1906

Unten: Das Gänsehäufel, Wiens erstes Strandbad an einem Alt-Arm der Donau in Kaisermühlen. Um 1910

Gegenüberliegende Seite: Vor dem Fußballmatch des Budapester MAC gegen eine Mannschaft aus Oxford auf der Margareteninsel. 1902

Lange Zeit hatten die Füße – mit Ausnahme der Ballerinenfüßchen in ihren Seidenschühchen – nichts anderes zu tun, als bei trockenem wie nassem Wetter ständig unsere mehr oder weniger schweren Körper zu tragen. Erholung kannten sie überhaupt nicht, und auch vom Vergnügen des Tanzes wurde ihnen nur die Müdigkeit zuteil. Den humanen Engländern kam es zuerst in den Sinn, daß an den irdischen Freuden auch die stiefmütterlich behandelten Füße Anteil haben sollten. Zwar kann man mit ihnen nicht Klavier spielen, aber treten, zum Beispiel, schon eher. Also treten wir! Meinte man, und man begann zu treten. Selbstverständlich traten die Füße nicht in den Magen, sondern den Ball. Und damit sie nicht so ziellos herumtraten, fügten sie dem Ball ein Tor hinzu, in das er hineingeschossen werden muß. So entstand der spannende und dynamische Sport Foot-ball, der sehr bald so populär wurde, daß jeder Angelsachse läuft wie ein Pendel. Und es gibt nichts Selbstverständlicheres, als daß der Fußball bald zur Leidenschaft der ganzen Welt und die Anzahl der Goals zum Maßstab des nationalen Ruhms wurden. Es treten die Engländer, die Deutschen, die Franzosen, und es treten die Ungarn. Leider haben wir uns ein wenig verspätet, doch trotzdem regte sich in uns die Leidenschaft, und wir riefen die Welt zum Meisterschaftsspiel. Und die Welt kam. Es kamen die Tschechen – und haben uns geschlagen; dann kamen die Engländer – und haben uns noch mehr geschlagen. Sie haben Tore und wir – moralische Ergebnisse erzielt. Wir haben schön verloren, aber sicher. Allerdings haben wir die Erkenntnis gewonnen, daß es unseren Beinen nicht an Talent fehlt, sondern daß sie nur noch ein wenig ungeschliffen sind.

„A Hét", 1901

Bei günstigem Wetter und gutem Besuch wurde gestern auf dem Sportplatz des W.A.C das Matsch der repräsentativen Mannschaften von Budapest und Wien ausgetragen. Die Budapester waren mit zahlreichen Ersatzleuten gekommen und zeigten große Aufopferung, Schnelligkeit, aber eine armselige Kombination. In diesem Punkte bot die Wiener Mannschaft geradezu glänzende Leistungen, obzwar die Deckung nicht ganz der Erwartung entsprach. Die beiden Mannschaften bedrängten einander ziemlich gleichmäßig, wobei sich auf Seite des Wiener Teams gutes Schußvermögen geltend machte, bei den Ungarn ragte die Verteidigung durch ihre Leistungen hervor. Allein sie war nicht im Stande, die flinken und geschickten gegnerischen Stürmer in Schach zu halten. Der überlegene Sieg war somit eine selbstverständliche Sache.

„Neues Wiener Tagblatt", 1902

Als ob alle schönen Damen aus sämtlichen Ballsälen auf die große Eisbahn gezogen wären, von den jungen Müttern bis zur jüngsten Tochter! Wie fröhlich, wie freundlich ist das Bild dieser lauten kleinen Welt, seitdem der frühe Winter bereits Anfang Dezember den großen See des Stadtwäldchens zugefroren hat. Die ganze Bahn ist voll von rotbäckigen, lächelnden Mädchen, gutgelaunten Müttern, Schlittschuh fahrenden jungen Frauen, die auf dem glitzernden Eisspiegel munter dahingleiten. Die Eisbahn ist vielleicht jener Ort der Hauptstadt, wo wir die Demokratie am ehesten verwirklicht sehen. Hier fragt man nicht nach der Adresse des anderen, die verschiedensten Klassen bilden einen gemischten Kreis und machen mit höflicher Nachsichtigkeit einander Platz. Es ist nur schade, daß auch hier unsere Demokratie auf sehr schnell dahinschmelzenden Fundamenten steht. Die ersten warmen Frühlingsstrahlen – und unter unseren Füßen zerfließt der ganze Grund.
„Vasárnapi Ujság“, 1898

Was Wien an vornehmen Eisläufern sein Eigen nennt, vergnügt sich da, und zu allen Tagesstunden sieht man die Mitglieder der Aristokratie – diese insbesondere Nachmittags zwischen 1/2 3 und 5 Uhr – und andere Eiskünstler und Künstlerinnen, Dreier, Achter, Herzen, Schlingen etc. auf die glitzernde Fläche zeichen.
„Wiener Salonblatt", 1896

Gegenüberliegende Seite unten: Eislaufen im Stadtwäldchen. Photographie von Rudolf Balogh. Um 1910

Oben: Der große Teich im Stadtwäldchen, im Hintergrund die Széchenyi-Insel mit dem Gebäude des Landwirtschaftlichen Museums. Photographie von Rudolf Balogh. 1913
Rechts: Nächtliches Eislaufen auf dem Platz des Wiener Eislaufvereins in Wien III., Am Heumarkt. Photographie von Emil Mayer. Um 1910

Es ist ein ganz eigener Reiz, der dem Bilde der Freudenau an ihrem größten Festtage innewohnt. Von den Dächern der schmucken Tribünen wehen Wimpel und Flaggen in der wonnigen Maienluft. Auf und vor den Tribünen drängt und schiebt sich eine nach Zehntausenden zählende Menschenmenge. Ein Summen und Schwirren durchwogt die Luft, eine fiebernde Erregung hält alle Nerven gespannt, denn immer näher rückt die Stunde der Entscheidung, wo die Schnelligkeit von vier Pferdebeinen über Verlust oder Gewinn entscheidet.
Im Actionärraum versammelt sich die Crème der Gesellschaft: Die Rennstallbesitzer, mehr oder minder ahnenreich und landbegütert, Cavaliere, die sich keine Pferde halten, weil sie lieber auf ein fremdes wetten, vom Fürsten bis zum Helden der nächsten Defraudationsverhandlung: schillernde Uniformen, einfach-elegante Civilkleider und groteske Gigerlcostüme; dazwischen schillert und schimmert aber die reiche Pracht der weiblichen Toiletten und aus der Vogelperspective müßte sich der Platz wie ein in glühendster Phantasie geschaffenes farbenprächtiges Bild ausnehmen.
Rudolf Stürzer, 1895

Gegenüberliegende Seite: Derbytag in der Wiener Freudenau. Photographie von M. Manenizza. 1900

Unten: Am Rennplatz in Budapest. 1902

Es gibt keinen demokratischeren Ort als den Budapester Turf. Im Kasino, im Theater, auf dem Ball, am Kiosk, auf der Eisbahn – überall sind unsere Gesellschaftsschichten isoliert, doch auf dem Turf vermischen sie sich alle. Vornehme, Parvenus, Steinreiche, Bettler, Rang- und Namenlose, Ehrenhafte, Unehrenhafte, Redliche, Gauner, Unbefleckte, Angeklagte, Verfolgte, Tadellose, Vorbestrafte, für einen natürlichen Tod Vorbestimmte, Selbstmordkandidaten, keusche junge Mädchen und verworfene Hetären, Herzoge und Ladengehilfen, Grafen und Tagelöhner, Barone und Kohlenträger, Generäle und Apothekergehilfen – alle, alle versammeln sich unter der großen Tribüne und sehen alle verflixt gleichrangig aus. Jeder ist heute bereits gleich gut angezogen, höchstens benimmt sich der Kommis ein wenig affiger als ein wahrer Herr. Doch dieser winzige Fehler verwischt sich im großen, bewegten Bild der Rennbahn.
„A Hét", 1891

KŐSZEGI H
6

Links: Start zur internationalen Automobilfahrt Budapest–Konstantinopel. Photographie von Gyula Jelfy. 1912

Oben: Automobil- und Radfahrer-Blumencorso im Wiener Prater, aus Anlaß der internationalen Automobil-Fernfahrt Paris - Wien. Juli 1902

Gegenwärtig fährt das Automobil noch zu sportlichen Zwecken, doch sobald es billiger, zugänglicher und vollkommener geworden ist, wird es sehr bald große Veränderungen in der Industrie, im Handel und in unserem gesellschaftlichen Leben hervorrufen. Es wird als allgemeines Verkehrmittel der Zukunft auf den ausgestorbenen und verlassenen Straßen ein bewegtes und pulsierendes Leben schaffen. Mit Leichtigkeit wird der Tourist die in Naturschönheiten prangenden Orte aufsuchen, der Arzt den Patienten, der Händler vermag schnell die in der Provinz geschlossenen Geschäfte abzuwickeln, der Gutsbesitzer kann rasch Nachricht über seine fernen Güter erhalten, und man ist nicht mehr auf die ärgerliche Langsamkeit der Eisenbahnen angewiesen. Der Personen- und Warenverkehr kann schnell vonstatten gehen, das Pferd als Zugtier tritt aus der Reihe der alltäglichen Arbeit, die Formen des gesellschaftlichen Lebens verändern sich.
Die Dampfmaschine, das Fahrrad, die Nähmaschine haben die Welt erobert, und es ist nicht ausgeschlossen, daß das die Vorstellungskraft des Menschen beflügelnde Auto alle Erfindungen übertreffen wird.
Bertalan Csudáky, 1907

Der Reiz der Schnelligkeit aber ist eine neue Emotion, die uns der Automobilsport gewährt hat. In ihr liegt eigentlich das schönste psychologische Moment dieses modernsten aller Sporte. Und niemand, auch der Vorsichtigste kann sich ihm entziehen, wenn er einmal der Versuchung unterlegen ist und seine Einwirkung beginnt. Männer und Frauen, denen anfangs schon das Tempo von 35 Kilometer gelindes Entsetzen eingeflößt hat, gewöhnen sich mit wohligem Schauder an die Schnelligkeit und verlangen nach mehr. Es steigt das Verlangen mit der Geschwindigkeit, und es faßt sie wie ein Taumel, wenn sie schneller fahren als je in dem schnellsten Eilzuge. Ob sie dann nach glücklich bestandener Fahrt wieder in ein solches Automobil einsteigen, das sie mit der Geschwindigkeit von 80 bis 90 Kilometer über die Straßen trug, mag fraglich sein. Aber es hat es jeder erkannt, daß ihm diese rasende Schnelligkeit Lustgefühle erweckte, die einen neuen Reiz in der Liste moderner Emotionen bilden.
In Zukunft wird das selbstfahrende Vehikel die Wege des Sportes verlassen und in vernünftiger Weise wohl nur mehr dem Verkehre dienen.
Otto Herschmann, 1904

Nun, ist das nicht ein großartiger Anblick? Doch gleichzeitig denken wir daran, daß diese zierlichen und zerbrechlichen kleinen Mädelchen manchmal weinen und vielleicht in Ohnmacht fallen, wenn ein Fremder sie etwas lauter anspricht, und siehe da, jetzt geben sie sich kraftvoll, durchtrainiert, und stampfen mit ihren kleinen Füßchen kräftig auf den Boden. Nun, das ist schon sehr interessant, nahezu außergewöhnlich. Und vor allem etwas ganz Neues. Doch vor allen Dingen ein lieblicher und erhebender Anblick.
„Ország-Világ", 1910

Oben: Turnende Mädchen in einer Budapester Schule. Um 1910

Rechts: Der I. Wiener Männer-Stemmklub. Photographie von J. Knotsch. Um 1900

Wien ist die Stadt der schweren Athletik, es ist ihr ureigenster, volkstümlichster Sport, und so bescheiden die Leute auch sein mögen, sie sind die stärksten, die man auf der Erde findet.
Ob ihr Sport hygienisch sei, sie fragen nicht darnach, und er hat ihnen vielleicht auch nicht geschadet. Aber die schwere Athletik ist so innig verwachsen mit dem Wienertum, daß die Träger der bekannten Athletennamen populäre Figuren geworden sind, ihre Namen geflügelte Worte, deren man sich mit Vorliebe überall zur Bezeichnung hervorragender Kräfte bedient. „Stark wie Jagendorfer oder Türk", bedeutet für uns den Inbegriff aller körperlichen Kräfte. Und wir haben Aussicht, den stärksten Mann der Welt auch in Zukunft den unsrigen nennen zu dürfen.
Otto Herschmann, 1904

Viel mehr Freunde hat sich die Athletik in Wien erworben. Es gibt daselbst eine stattliche Anzahl von „Kraftmeiervereinen". Die „Herculesse" wachsen aus dem Erdboden hervor. Da sind die „Rossauer", die „Lichtenthaler", die „Margarethener" und die „Meidlinger" zu nennen, die jeder Einzelne seinen „Separathercules" besitzen und aus deren Schule auch der vielgenannte und bekannte Salonhercules Jagendorfer stammt. Die „Lichtenthaler" haben gleichfalls ihren „Renomiergoliath", den Fiaker Rippel, der mit Leichtigkeit einen ganzen Wagen samt der Bespannung hebt.
Adolf Wimmer, 1892

100 K
1. Männer-
Stemmklub
Wien

Für den Pester beginnt der wahre Sommer dann, wenn er zum ersten Mal im Grünen zu Abend essen kann, drüben in Buda, in einer kleinen Kneipe, an Tischen mit roten Tischdecken, unter dem Laub müder Bäume, bei melancholischer Zithermusik. Den ganzen Winter über leben wir in der Steinwüste der Stadt, in Büros, Kaffeehäusern und sonstigen luftlosen Räumen, wir sind sogenannte Stadtwesen, die der Befriedigung verschiedener kultureller Bedürfnisse, zivilisierter Lebensansprüche nachlaufen; doch im Mai, wenn die Bäume grünen und der leichte Frühlingswind die Akkorde der Marschmusik aus den Budaer Kiosken hinüber zum Korso bringt, dann erwacht auf einmal der primitive Mensch in uns, dann kommen die atavistischen Neigungen unserer auf dem Land aufgewachsenen Vorfahren zum Vorschein, und wir rennen ins Grüne, trotten die krummen, holprigen Gäßchen zum Tabán hinauf und genießen, bar jedweder städtischen Überlegenheit, genießen mit naivem Glauben das unverfälschte Milieu der kleinen Kneipen. O Zither, Instrument verliebter schwäbischer Schneidergesellen, wie lieblich sind deine einfachen Töne, o herbe Tropfen, wie würzig erfrischt ihr unsere trockenen Kehlen, o Kerzen auf dem Tisch und familiäre Atmosphäre mit Hausmannskost, Katzengeschrei auf dem niedrigen Hausdach, und vor allem, o Backhendel mit Kopfsalat; welch frische, einfache dörfliche Stimmung zaubert ihr in unsere Herzen.
„Élet“, 1913

Rechts: Die Kobenzlgasse im Wiener Heurigenort Grinzing. Photographie von Bruno Reiffenstein. Um 1900

Das höchste Vergnügen des Wieners ist der Besuch des „Heurigen". Das sind jene Weinschänken in Hernals, Ottakring und Neulerchenfeld, wo der unverfälschte junge Wein geschänkt wird. Man frage nur mal einen Wiener um den Heurigen, Hu! Wie schnell nennt er da die Namen von Stalehner, Töckes, Grünbeck und Mandl, diesen Matadoren unter den Weinwirten Wiens.
Die Originalität des Heurigen besteht einzig und allein in der buntzusammengewürfelten Gesellschaft, welche man daselbst antrifft.
Adolf Wimmer, 1892

Rechts: Gasse mit Buschenschenken in Alt-Ofen. Um 1900

Oben: Heurigenschenke in Köbánya (Steinbruch) bei Pest. Um 1903

Sprechen wir zuerst von jenen conservativen, nicht nur den Geist, sondern auch die Formen den alten guten Zeit bewahrenden Buschenschenken, welche nicht etwa das ganze Jahr hindurch, sondern nur zeitweilig und abwechselnd „ausstecken" d.h. ihre gastlichen Pforten öffnen. Ein grüner Reisigbuschen auf langer Stange bezeichnet jene Häuser und Gärten, in welchen „Heuriger" geschenkt wird. Hier gibt es echten jungen und alten Wein, wie er auf den Donaugeländen der Umgebung wächst – Humor, Lebenslust und Übermuth, wie er nur auf Wiener Boden gedeiht... und wenn es auch nur das „picksüße Hölzel" (Clarinett) und eine Klampfen (Gitarre) ist, oder gar nur ein Kunstpfeifer seine Melodien entsendet oder ein Fiaker seine „tiefsten Töne" produziert – es sind Wiener Lieder, die das Gemüth ergreifen, bald zu Tode betrübt, bald himmelaufjauchzend die starre Eisrinde vom Herzen lösen und mit süßer Gewalt in jene Sphäre drängen, von welcher der Dichter singt:
„Verkauft's mei G'wand –
I bin im Himmel".
„Kaiser-Jubiläums-Führer", 1898

Oben: Fronleichnamsprozession auf dem Dorfplatz des Wiener Heurigenorts Grinzing. Photographie von Siebenlist & Mössl. 1891

Unten: Altstadtgasse in Tabán. Rechts der Turm der serbischen Kirche. Um 1900

Rechts: Kirmes auf dem Gellérthegy (Blocksberg), im Hintergrund die Zitadelle. Photographie von Rudolf Balogh. Um 1900

Sie ähnelt der ländlichen Fronleichnamsfeier, denn dem Umzug wird nicht nur grün der Weg bestreut, sondern er bewegt sich auch zwischen frischem Laubgrün, das sich die Häuserzeilen entlang zieht. Als Honoratioren thun die Gemeindevertretung bis zum weiland „Grundwächter" herab, Veteranen, die Feuerwehr u. dgl. mit. Die Musik, der „Marsch" hat viel Blech und in unvordenklichen Zeiten soll's vorgekommen sein, daß das gewählte Musikstück auf die Melodie ging: „Was wir vor zwanzig Jahren für Hallodri waren." Das Böllerschießen ist nur weit draußen auf dem Land üblich und gestattet; aber die Glocken haben, wie in der Stadt, auch in den Vorstädten viel zu läuten. Und hier zieht hinter der Monstranze auch die Madonna mit, von Jungfrauen getragen, denen sich die putzigste Schar weißgekleideter Mädchen anschließt. Oh, diese reiche Kinderschar ist vielleicht das Herzerquickendste vom ganzen Aufzug. Wien darf fort und fort auf schöne Menschenblüten rechnen.

Hans Grasberger, 1895

Ostermontag gehört uns, den Budaern. Nach guter alter Sitte steht an diesen Tag der Budapester Bürger zusammen mit dem Volk auf, und wer dieses Jahr gegen sechs Uhr in der Früh schon oben auf dem ehrwürdigen alten Gellértberg war, dem wurde ein seltenes Erlebnis zuteil.
Am Fuße des Berges die spiegelglatte Donau, hinter dem Korso auf der Pester Seite die aus dem Morgengrauen tauchenden Gebäude im goldenen Schein der eben hinter einem Wölkchen hervorlugenden Sonne. Ein weißer Schleier, der die Hausdächer dort und die Bergrücken hier bedeckt. (...)
Die Nebeldecke sinkt herab auf die Donau; die Fähren können sich nur mit grellen Pfiffen und starkem Geläut ihren Weg bahnen, obwohl eine große Menschenmenge darauf wartet, von einem Ufer zum anderen gebracht zu werden.(...)
Inzwischen wurden auf dem Gellértberg Lebkuchenzelte aufgestellt, und die unvermeidlichen Lichtbilder-Buden wuchsen noch schneller aus dem Boden, vom Kereszt tér bis hoch zum Kalvaria hatten die Sieben- und Dreizehn-Kreuzer-Basare auf dem Straßenpflaster ihre Schätze ausgebreitet.(...)
Hinsichtlich guter Laune und bunten Treibens hat auch die jetzige Kirmes kaum etwas von ihrem guten Ruf einzubüßen. Am Nachmittag war der Gellértberg Anziehungspunkt Tausender Spaziergänger. Die Serpentinen neben dem Rudas-Bad waren am dichtesten bevölkert, aber auch von der Hadnagy utca und vom Südbahnhof her strömten die bunten Menschenmassen.
Und dann dort oben, was für ein frohes Treiben! Die Gasthäuser auf dem Berg waren proppenvoll. Auf der Wiese zum Wirtshaus „Uj Világhoz" fing die fröhliche Menge an zu tanzen...
„Buda és Vidéke", 1896

So groß, so stolz, so überwältigend eindrucksvoll wie sonst immer war auch heuer die große Frühlingsfeier des Proletariats. Groß und gewaltig war sie durch ihren eigenen geistigen Inhalt, noch größer und gewaltiger aber wurde sie dadurch, daß sie zugleich ein Vorspiel für den nächsten großen Maientag war, der zum ersten Mal die ganze politische Kraft der österreichischen Arbeiterschaft entfesseln wird. Die Maidemonstration hatte demgemäß den Character einer ungeheueren Wahlversammlung und man merkte das selbst an den Äußerlichkeiten des „roten Umganges" der Hunderttausend, die nachmittags in den Prater wallfahrteten und deren in breitem Strome sich ergießende Masse im hellen Schimmer der roten Bändchen und silberweißen Festzeichen erstrahlte. Das sah und fühlte man: die furchtbaren Mühsale der früheren Wahlkämpfe, wo es galt, alles einzusetzen, um auch nur das Dürftige zu gewinnen, haben dem österreichischen Proletariat eine furchtbare Leidenschaft in die Seele gepflanzt und einen wahren Titanengeist gezeugt, an dem die herrschenden Klassen in aller Zukunft werden ermessen können, was sie sich eigentlich mit ihrer überschlauen fünften Kurie eingebrockt haben.
„Arbeiterzeitung", 1907

Die Sozialisten haben ihre Umzüge zum 1. Mai abgehalten. Formiert nach ihren Organisationen, zogen die Arbeiter über die Ringstraßen, über die Andrássy út hinaus in das Stadtwäldchen. Mit ihrer eindrucksvollen Anzahl demonstrierten sie der Hauptstadt, der Staatsgewalt, dem Land, welche Armee, wie viele organisierte Arbeiterhände zum Schutze der Menschenrechte, zum Kampf für die Zukunft bereit sind. Betriebe, Geschäfte, Kellerwerkstätten spuckten diese Menschen aus, in ihren Augen die Begeisterung, doch auf ihren Gesichtern, ihren schmächtigen Körpern der vernichtende Stempel der Arbeit. Aus dem Elend der Arbeit kommen sie als Kämpfer für eine schönere Zukunft, und derweil enthüllen sie auch das Elend von Budapest.
„Érdekes Ujság", 1913

Oben: Arbeiter-Massendemonstration auf dem Wiener Opernring. 1. Mai 1907

Rechts: Demonstration der Budapester Eisen- und Metallarbeiter. 1. Mai. 1914

VAS ÉS FÉMMUNKÁSOK
LAKATOSOK
Lakatosok

Sehen wir uns an, was die Polizeibeamten unternehmen, die, angeführt von einem Oberst, auf Razzia gehen und dann eine Handvoll Menschen verhaften, die so verwegen waren, aus Wohnungsmangel auf der Straße zu nächtigen; die überfüllte Wohnungen aufsuchen, die Höhlen der Armut, um der Ordnung Geltung zu verschaffen.
In der Nacht flieht auch das Elend in das Feenreich des Vergessens. Für zehn und fünf Kreuzer erhält der heimatlose Knecht ein Quartier, der obdachlose Greis, der Krüppel, das gefallene Mädchen, das niemand mehr will, die zahnlose Alte, der von der Rente des Schicksals nur die Nacht bleibt, in der sie ungestört schlafen kann: Ja, dort schlafen sie nebeneinander in einem Kellerraum, auf der Erde, dem Tisch, auf Brettern, die an der Wand befestigt sind. Die Fee der Träume spielt mit ihnen, mit diesen Höhlenbewohnern der Gesellschaft, und gaukelt ihnen dabei fröhliche, gückliche oder furchtbare Bilder vor. Sie schlafen solange in Frieden, solange sie nicht durch die Razzia aufgeschreckt werden, solange sie sich nicht verwirrt und erschrocken auf der elenden Schütte aufrichten, die ihnen als Schlafstatt dient. Oder solange sie nicht wütend aufspringen, aufstampfen, weil sie sich nicht ausweisen können, und gezwungen werden, in das Polizeiauto zu steigen. Das geschieht sehr oft. Leser, willst du solche Szenen miterleben? Glaubst du, es ist erfreulich, die Angst, den Schrecken, das Grauen und die Verzweiflung auf den erschrockenen Gesichtern zu sehen?
Szaniszló Tímár, 1896

Es sind Wohnungen in alten halbzerfallenen Häusern und bestehen gewöhnlich aus drei bis vier Räumen, in denen achtzig und oft mehr Personen beiderlei Geschlechtes übernachten (...)
In der Kleinen Schiffgasse befinden sich zwei solche Häuser, in denen fast jedes Stockwerk mehrere solche Quartiere beherbergt.
Das ist ein uraltes, einstöckiges Gebäude.
Wir müssen über ausgetretene Stufen schmaler und unsicherer Treppen und stehen dann vor einer zerborstenen kleinen Holztür, durch die schwaches, dunstverhülltes Licht dringt.
Eintretend empfängt uns schwere, dicke Luft. Gerüche alter Eßwaren, der trockene Hauch modernden Tuchzeuges, schlechter Rauch, mit dem die Luft belastet ist, und die furchtbaren menschlichen Ausdünstungen verbinden sich zu einem Ensemble, das den Lungen Gewalt antut.
Wir stehen in einem etwa kabinettgroßen Raum, der offenbar ursprünglich Küche war, und neben drei Bettgehern auch der vierköpfigen Familie des Wohnungsgebers Schlafstätten bietet.
Hier ist jedes Stückchen Raum raffiniert ausgebeutet.
An den Wänden hängen übereinander Lumpen, Tücher, Geschirr, Körbe.
In diesem Raume, der von Bettgehern überfüllt war, lagen links in einem Bette ein älterer Mensch und ein blutjunges Mädchen. Aus der fremden Höflichkeit, mit der sie miteinander sprechen, konnte man schließen, daß der Zufall ihre nahe Bekanntschaft vermittelt hatte.
In einer anderen Ecke waren auf einem quer gelegten Brette zwei Kinder untergebracht, die völlig entkleidet und in Fetzen gehüllt waren.
Emil Kläger, 1908

Oben: Massenquartier in Budapest. Photographie von Mór Erdélyi. 1911

Gegenüberliegende Seite: Küche in einem Massenquartier in Wien II. Photographie von Hermann Drawe. 1908

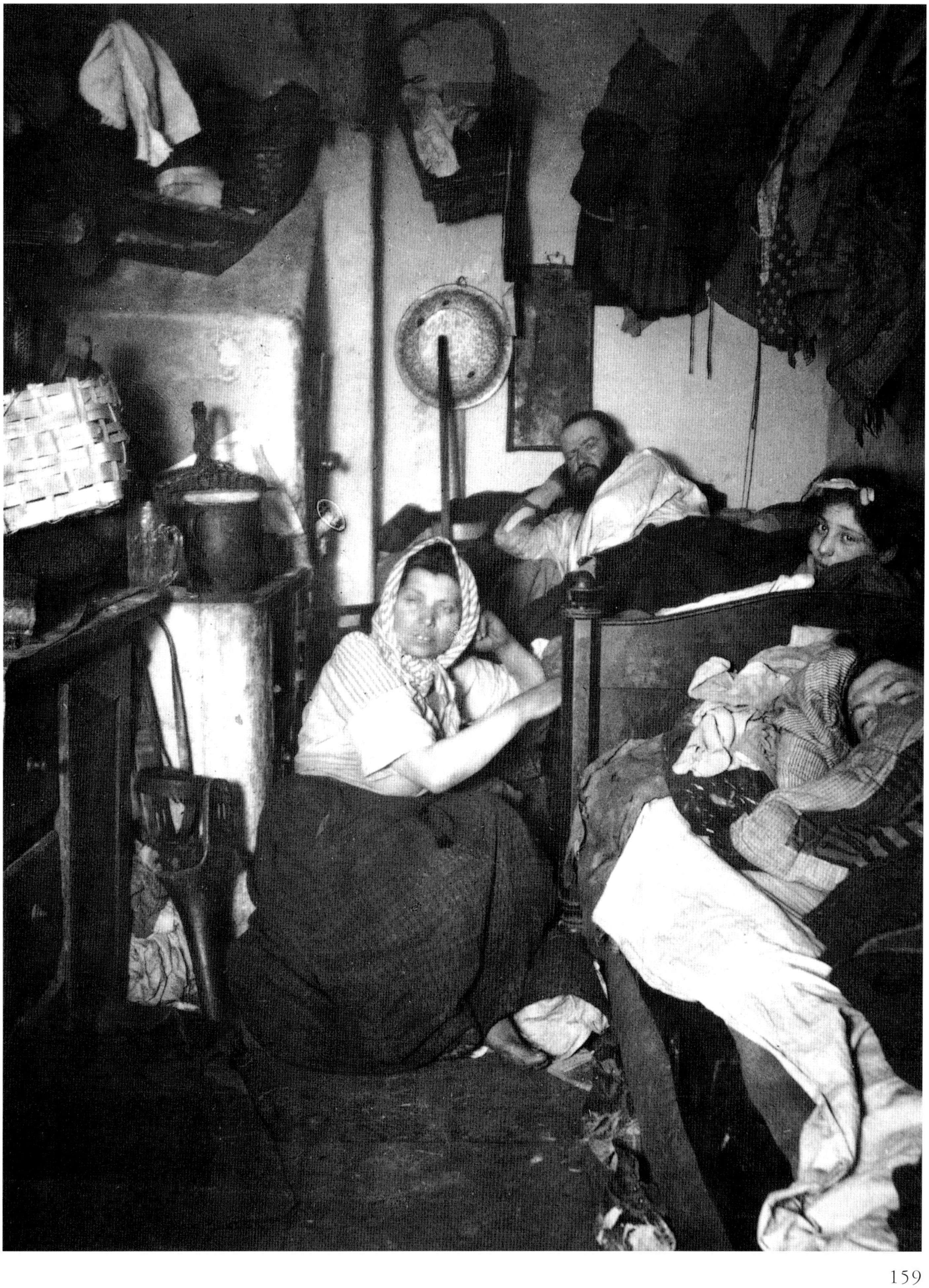

Die Volksschule für Mädchen zeigt schon in ihrem Äußeren ein anderes Gepräge, als jene für Knaben; Stiegen und Gänge sind reiner und besser gehalten und auch in der Classe herrscht nicht jener tosende, ohrenbetäubende Lärm vor dem Unterrichte, wie ihn eben nur kräftige Knabenlungen hervorbringen können; dafür gibt es aber hier ein beständiges Zischeln und Wispeln und Lispeln und Tuscheln, ein Blinzeln und Kichern, das den männlichen Lehrer gar sonderbar anmuthet; zumeist aber ist in den Wiener Mädchen-Volksschulen das „Fräulein" – auch die verheirateten Lehrerinnen werden von ihren Schülerinnen mit diesem Sammelnamen belegt – die Herrscherin; mit männlich starker Hand weiß sie die Zügel der Regierung zu führen und man muß anerkennen, daß sie in den meisten Fällen ihrer Aufgabe vollkommen gewachsen ist. Ihre Fürsorge für die ihr anvertrauten jungen Wesen geht in manchen Fällen weiter als die eines Lehrers; nichts entgeht ihrem Scharfblicke: jede unpassende Gebärde oder Äußerung, jedes schlecht sitzende Kleidungsstück, jedes Fältchen und Bändchen, jede Schleife und Masche fällt ihr auf und es wird, wenn nöthig, deren Entfernung begehrt.
Ludwig Fleischer, 1895

Wenn wir am Morgen das Klassenzimmer betreten, sehen wir uns nicht halbverschlafenen, zerzausten Schülern mit zerknittertem Gewand gegenüber wie in der Knabenschule, sondern vielmehr Zöglingen, welche mit der Schönheit und dem Duft der Blumen wetteifern, welche Frische und Fröhlichkeit des Lebens verkörpern, deren Anblick uns dazu veranlaßt, sie sanft zu behandeln. Doch wehe dir, Herr Lehrer, wenn du eine linkische oder belustigende Angewohnheit hast. Es gibt keinen schärferen Beobachter als das heranwachsende Mädchen, vor allem dann, wenn es um etwas Komisches geht. Und wie weich die Herzen der Mädchen sonst auch sind, hier kennen sie keinen Pardon. Eine ungewöhnlich bunte Krawatte kann nicht nur das Ergebnis des Vortrags verderben, sondern auch die ganze Autorität des Lehrers. Mit ernster Überzeugung sprichst du mit ihnen über Julius Cäsar, über „Toldi" von Arany oder Schillers Gedichte; doch was kannst du erreichen, wenn sich inzwischen die ansonsten gute Schülerin, die blonde Mimi, zu ihrer Nachbarin neigt und mit so leiser Pianissimo-Stimme, wie sie nicht einmal die russischen Sänger beherrschen, Bemerkungen über den spitzgedrehten Bart des Lehrers oder seinen sehr hellen Mantel macht: Als bestünde zwischen allen eine elektrische Verbindung, wissen in diesem Augenblick auch die Mädchen in der letzten Bank, worum es geht, wissen dies weit besser als das, was der Lehrer erklärt.
„A Hét", 1890

Oben: Lehrlinge in einer Schusterwerkstätte in Budapest. Photographie von János Müllner. Um 1910

Gegenüberliegende Seite:
Oben: „Taferlklasse" einer Mädchenvolksschule in Wien. 1913
Unten: Mädchenklasse in einer Budapester Grundschule. Photographie von László Hollenzer. 1912

538X12
6
382X24
8

Auch die oft wunderlichen und grauenhaften Geschöpfe, die Kinder des Elenden-Viertels, kann man hier bei ihren primitiven und freudlosen Spielen beobachten. Kinder, die nicht Kindern, sondern irgend einem verkümmerten Zwergengeschlecht gleichen; die auf Lumpen geboren werden in kahlen Stuben, worin, zu Dutzenden, ärmste Menschen drangvoll eng gepfercht hausen; jene Kinder, von welchen Fünfzig unter Hundert sterben, von niemand vermißt, von den Müttern, die sich selbst nicht zu nähren imstande sind, nie gesäugt, nie gekleidet, nie gepflegt, fast nicht gekannt. Auf dem Wege zum Garten, in dem sie sich tagsüber selbst überlassen bleiben, sieht man sie vor Bäckerläden stehen und ihre schmutzigen und durch Not und Laster früh verunstalteten, verrunzelten und bleichen Gesichter an die spiegelnden Schaufensterscheiben pressen, die Nüstern ihrer spitz aus den verfallenen Antlitzen vorragenden Nasen gierig gebläht, um den warmen Duft des frischen Brotes einzusaugen, den Blick aus feuchten Augen voll Verlangen auf das knusperige blonde Gebäck in den Körben und den Stellagen gerichtet.
Arthur Roessler, 1909

Wenn wir am Stadtrand von Budapest photographieren, dann erblickt das Objektiv unseres Apparates nicht selten große soziale Probleme, ungelöste und schmerzhafte Probleme, die oft auch die gutgesinnten Sachverständigen vergeblich beschäftigen. So wurden zum Beispiel lobenswerte Prinzipien gesetzlich verankert, als sich der Staat verpflichtete, Verantwortung für den Unterhalt eines jeden Kindes zu tragen, das keine Angehörigen hat oder dessen Angehörige nicht in der Lage sind, dafür zu sorgen. Doch der Staat konnte sein gesetzliches Versprechen nicht einlösen, fehlen ihm doch die nötigen finanziellen Mittel, um angemessen zu helfen. Es sind nur wenige Menschen, die sich für das Leben der Armen interessieren. Auch heute ist die Zahl der verlassenen Kinder sehr hoch, die unbeaufsichtigt auf den Straßen der Großstadt aufwachsen. Ihr Zuhause ist armselig, traurig (…) Genaue statistische Angaben belegen, daß auf die Bewohner der Budapester Achtzimmerwohnungen fünfmal soviel Luft kommt wie auf die der Einzimmerwohnungen. In solchen leben 400.000 Menschen.
Kornél Tábori, 1913

Rechts: Gassenjungen in Budapest. Photographie von János Müllner. Um 1910
Gegenüberliegende Seite: Kinderarbeit in Wien. Photographie von Emil Mayer. Um 1910

Die paar Kreuzer, welche sie sich mit dem Körberlgelde erwirtschaftet – sie werden dem Lottoteufel zum Opfer gebracht und besser wie irgendwo anders, paßt hier der Ausspruch: „Wie gewonnen, so zerronnen." Sporadisch sind die Fälle, in welchen das Lotteriespiel Glück bringt. Im großen und ganzen genommen, ist es eine ebenso gefährliche Macht, wie der Branntwein, wirkt es kaum weniger korrumpierend, wie jener. Wie oft wird in der Sucht nach Gewinn der letzte Zehn Pfennig geopfert!
Noch öfter verleitet das Lotteriespiel zum Diebstahl im kleinen, sie nehmen da und dort ein paar Kreuzer, die im Grunde genommen der Herrin gehören, von dem Wahne beseelt, dieselben durch einen großen Gewinn ersetzen zu können – aber der bleibt natürlich aus und so wird denn so manche auf die abschüssige Bahn gedrängt, auf der es keine Umkehr gibt. (...) Für den Staat ist das Lotteriespiel, dieser sprechende Beweis menschlicher Habsucht und Kleinlichkeit, freilich ein segenbringender Factor, denn es wirft demselben alljährlich Unsummen in den Schoß.
Für den einzelnen war, ist und bleibt es das Verbrechen, an dem so mancher zugrunde geht.
„Österreichische Illustrierte Zeitung", 1900/1901

Ich kann beim besten Willen nicht sagen, welche von den beiden Einrichtungen die gemeinere und unmoralischere ist, das Pferderennen oder die Klassenlotterie, sind sie doch beide offiziell genehmigt. Auch kann ich nicht so schnell entscheiden, welche von beiden den armen Leuten hinterrücks mehr Geld aus der Tasche zieht. Ich weiß nicht, welcher Weg von mehr Tränen, mehr Blut, mehr Verwünschungen gesäumt ist: der Wettschalter oder die Klassenlotterie. Die Lotterie hat man mit der Überlegung abgeschafft, daß der arme Mann seine mühsam zusammengeklaubten Kreuzer nicht auf das Glücksrad setzen sollte. Und an ihre Stelle trat die Klassenlotterie! Anstatt des kleinen Diebstahls hat man den großen genehmigt.
„Budai Hírlap", 1906

Oben:
Horoskopzettelverkäufer in Wien. Photographie von Emil Mayer. Um 1910

Gegenüberliegende Seite:
Lotterieverkauf in der Budapester Üllöi-út. Um 1890

BRUST JAKAB LISZT
BRUST JAKAB
Üllői út.
SZTALYSORSJÁTÉK
ELÁRUSITÓ HELYE
HELYE
RUDA.
BOR SÖR
FŰSZER CSEMEGE
ZWACK J. és TÁRSAI

Oben: Vergnügungsviertel „Ös Budavár" (Alt-Ofen) auf der Millenium-Ausstellung in Budapest. Photographie von György Klösz. 1896

Unten: Alt-Wien im Wiener Prater anläßlich der Internationalen Ausstellung für Musik- und Theaterwesen. Photographie von Rudolf Lechner. 1892

Wenn das unsere Ahnen gewußt hätten! Ein wahres Feenmärchen scheint in die alte Burg von Buda eingezogen. Zum Glück war das Leben hier vor 350 Jahren nicht so angenehm, da wir sonst – ich schwöre auf Allah – die Türken wohl nie vertrieben hätten. Das Burgviertel, wie man es dort im Stadtwäldchen nachgebaut hat, sieht genauso aus wie unter der Türkenherrschaft. Seine krummen, winkeligen Straßen, seine vorspringenden Erkerhäuser wurden am Ende der Bastei errichtet. Sie umschließen vier große Plätze. Das Haupttor führt auf den Szent-György-Platz, auf dem das alte Budaer Rathaus mit seinem Säulenvorhof steht. (...) An den Platz grenzen die drei Gebäude des einstigen Budaer Paschas, in denen jene mysteriöse Einrichtung, der Harem, als interessante Sehenswürdigkeit dient. Diese Räume dürfen nur die Frauen betreten, während die Männer das türkische Paradies bloß vom vergitterten Vorhof aus betrachten können. Durchqueren wir das Bogentor des Platzes, so gelangen wir in den türkischen Teil. (...) Der Phonograph und die schwatzhaften Muscheln des geheimnisvollen „Telefon Hirmondo" zaubern die Musik der Oper, die leichte Operette des Volkstheaters herbei. (...) Die phantastische Selbstquälerei der Fakire erschüttert die schlaffen Nerven der Fin-de-Siècle-Menschen.
Béla Virág, 1896

*Ein mächtiger Zauber erfaßt uns, da wir die kleinen Gassen zwischen Pavillons und Anlagen durchschreitend, plötzlich im Herzen des ältesten Wien stehen.
Wo sind wir?
Kleine Häuser mit engen, hohen Fronten, bunt bemalt, mit Erkern und Thürmchen, verschnörkeltem Zierrath und spitzigen Fenstern, ein Misch-Masch von Gothik und Renaissance, grüßen uns und in die kleinen Fensterchen legen sich die Sonnenstrahlen und lassen die mit dickem Blech gefaßten Scheiben lachend blinken. Ein Zauberwerk ist's, das unser Herz tief ergreift, denn wir sehen vor uns den Hohen Markt in seiner Gestalt aus dem Ende des 17. Jahrhunderts. Vor 200 Jahren hat es dort so ausgesehen. An der Ecke der Tuchlauben das Schrannenhaus, gemeiner Stadt Wien Gerichtshaus mit dem steilen Treppenaufgange und dem Balkon, dann der Narrenkotter, der Pranger, in der Mitte die Hanswurstbude, der Glückshafen, das Haus zur „Kays. Stadt Wien", das Kratzer'sche Haus, das Haus zum „Krebsen" tauchen in aller Form wieder vor uns auf – ein entzückendes, herzerwärmendes Bild für jeden Wiener und Freund Alt-Wiens (...)*
Louis Rainer, 1892

Wenn an den traurigen Bäumen der Budapester Boulevards das erste Grün sprießt, der Oleander in den großen Holzkübeln vor die Kaffeehäuser gestellt wird, wenn unsere schönen Frauen plötzlich in hellen Kleidern auf dem sonnenüberfluteten Korso promenieren, wenn die Fensterscheiben in der Pferdebahn gegen Sonnenblenden aus Leinen ausgetauscht werden – dann merkt der Hauptstädter, daß der Frühling gekommen ist. Er reckt und streckt sich, schüttelt sich, greift zu einem bunten Hemd, einer fröhlichen Krawatte, gelben Schuhen und erkennt so ganz offiziell den Jahreszeitenwechsel an. (...)
Der erste Weg führt den Budapester auf die Margareteninsel. Das ist noch kein Ausflug, sondern lediglich ein Spaziergang, doch ein solcher Spaziergang, bei dem wir die Hauptstadt völlig aus den Augen verlieren, so wie den Lärm des Treibens von 100.000 arbeitenden Menschen, der, zu einem dumpfen Brausen gefiltert, an unser Ohr dringt.
Unter den riesigen Kronen der hundertjährigen Bäume fühlen wir uns frei und unbeschwert, wie ein Einsiedler. Von einem schattigen grünen Plätzchen aus können wir die dahineilenden Wellen der blonden Donau bewundern. Dennoch ist die Margareteninsel bei weitem kein Ausflugsort, sondern der Modekorso der vornehmen Gesellschaft.
Viktor Rákosi, 1896

Wien ist eine überaus naturfrohe Stadt, die klassische Stadt der „Landpartien", einer uralten Gepflogenheit, die ernst und heiter schon immer mit Vorliebe von Dichtern, Malern und Musikern geschildert wurde. Sie ist aber auch die Stadt der Gärten, denn nicht bloß der Stephansturm, auch die vielen und schönen Gärten bilden das besondere Merkmal dieser Stadt, die an den Berglehnen hinauf und in deren Gassen der Wald hineinwächst. (...)
Der rechte, echte Wiener ist kein Stubenhocker, er eilt vielmehr sobald und so oft er nur kann ins Freie.
Wenn der Fremde einen Wiener Garten besucht, ist er stets darüber verwundert, auf sonnigen Bänken in bunter Reihe alte und junge Menschen andachtsvoll dem Nichtstun hingegeben zu sehen. Wie eine andere Art von Fakiren verharren diese Leute fast unbewegt und sonnen sich, genießen mit dem animalischen Behagen von Katzen die wohlige Wärme, die ihre Leiber durchflutet. (...)
In einen Garten gehören Frauen. Er ist ihr schönster Rahmen, sie sein schönstes Bild. Das frauliche Wesen erfährt durch den Garten eine ungemeine Steigerung. Die wiegenden Gewächse akkompagnieren mit ihrer ausdrucksvollen Bewegtheit den schwingenden Rhythmus eines vollen, schmiegsamen Frauenleibes. Die Frauen wissen das und haben deshalb seit jeher den Garten geliebt.
Arthur Roessler, 1909

Oben: Der Wasserfall auf der Margit-sziget (Margareteninsel). Um 1900

Unten: In der Praterau. Photographie von Martin Gerlach. Um 1910

Über den Wiener Prater ist von Vielen schon Vielerlei, Kluges und Dummes, Schönes und Garstiges, geschrieben worden, aber noch Keiner hat zu sagen vermocht, was der Prater eigentlich ist. Stifter hat es versucht, eine Definition zu umschreiben, indem er fragte: „Ist es ein Park? Nein. – Ist es eine Wiese? Nein. – Ist es ein Garten? Nein. – Ein Wald? Nein. – Eine Lustanstalt? Nein. – Was denn? Alles zusammengenommen." Und tatsächlich ist es so; wir finden im Prater den Korso des Romanen wieder und die Kirmeß des Mitteldeutschen, die Vogelwiese des Dresdeners und das Oktoberfest des Müncheners und neben dem Boulogner Wäldchen des Parisers den Hyde-Park des Londoners. Der Prater vereinigt all das mit allerlei anderem noch. Er ist ganz einzigartig. Nicht bloß das notwendige Luftreservoir einer großen Stadt, nicht irgend ein Gehölz an ihrem Rand. Darum liebt ihn der Wiener, wie er nur den „Steffel" noch liebt, bei dessen Anblick ihm das Herz „aufgeht", wenn er wieder einmal aus der Fremde heimkehrt.
Arthur Roessler, 1909

Haus Sacher steht auch im Prater an der Spitze des Küchendepartements. Man „kocht und schenkt aus" auf dem Sacher-Hügel und im Sacher-Garten. Der „Hügel" ist natürlich auch von einem Pavillon gekrönt, wo man speisen und goutieren kann im Freien und unter Zelten beim Dufte der Rosen und Sacher-Speisen zu Sacher-Preisen.
Rudolf Stürzer, 1895

Kleider machen Leute, lautet ein deutsches Sprichwort. Und dürften auch die Frauen abstimmen, würden sie sicher eine Volksabstimmung über die Frage veranstalten: Welches Männergewand ist das schönste? Dabei besteht kein Zweifel: Die Uniform würde sicher den Sieg davontragen, zumindest mit jener Mehrheit, die das sogenannte schwache Geschlecht nach seiner statistischen Anzahl dem sogenannten starken Geschlecht gegenüber besitzt. (...) Die Uniform ist etwas Schönes, sie macht den Jungen zum stolzen Mann und bezaubert zugleich das Herz der Damen.
„A Hét", 1900

Links: Der „Sacher Garten" im Wiener Prater. Um 1910

Oben: Im Garten der Budapester Konditorei Gerbeaud im Városliget (Stadtwäldchen). Photographie von Oszkár Kallós. 1905

Links: Riesenrad im Budapester Népliget (Volksgarten). Photographie von János Müllner. Um 1910
Gegenüberliegende Seite: Auf dem Weg in den Wiener Wurstelprater, im Hintergrund das Riesenrad. Photographie von M. Manenizza. Um 1900

Die Menschen brauchen hier nur sehr wenig, um lustig zu sein, um von ganzem Herzen zu lachen, zu feiern. Einen großen Anteil daran hat die Tatsache, daß die Vertreter der untersten Budapester Volksschicht nicht als Kinder der Stadt gelten, da sie aus der Provinz kamen und immer noch kommen, im Gepäck ihre einfachen Festesformen, ihre derbe Fröhlichkeit und völlige Anspruchslosigkeit in Sachen Unterhaltung. Für diese Menschen ist es bereits der Gipfel des Frohsinns, wenn sie sich auf der Straße ein wenig gehenlassen können, sich ein freies Lachen, einen kleinen Scherz erlauben, so wie man ihn im heimatlichen Dorf ständig macht. Hier in Budapest ist derartiges jedoch verboten, da der Polizist an der nächsten Ecke es für anstößig halten könnte. (...)
Lange wurde nur die Budenstadt des Stadtwäldchens (Városliget) als eine Art Wurstelprater angesehen.
Kornél Tábori, 1910

Das Riesenrad in „Venedig in Wien" wurde gestern Nachmittag zum ersten Male dem Verkehre übergeben. Gleich hübschen Breloques hängen die Waggons an der äußeren Peripherie und wie Spinnfäden sehen sich die Drahtseile an, welche, 120 an der Zahl, die baumstarke Stahlachse mit den eisernen Felgen verbinden. Man könnte das Ungethüm fast mit einem Fahrrad vergleichen, wären nicht die ringsum an der Außenseite hängenden Breloques. 200 Fuß erhebt sich der Bau, aber so gewichtig auch die vielfach gespreizten Erzbalken, die Radfelgen und die Achsentragen erscheinen - das ganze Gebäude macht trotzdem den Eindruck des Luftigen. In jedem Waggon nehmen die Passagiere Rücken an Rücken auf zwei Längsbänken Platz. Klapptische an den Fenstern ermöglichen es durstigen Seelen, ihre Biere oder Weingläser zur Herzstärkung in die höheren Wolkenregionen mitzunehmen. Je höher man emporschwebte, desto mehr hatte man die Empfindung, als wäre man zur Unbeweglichkeit verurteilt. Es war wie bei einer ruhigen Luftballonfahrt, wo der Boden immer tiefer zu sinken scheint. Immer großartiger wird zugleich das Bild, das sich den Augen darbietet. Gleich einem colorierten Reliefplan breitet sich die Stadt mit ihrem Hausmeere, mit ihrem Gewirre von Kirchtürmen und Kuppeln aus, und im Norden wird das vom Stahlband der Donau begrenzte Marchfeld sichtbar (...) Aber schon war die höchste Spitze erreicht, eine erfrischende Brise strich einen Augenblick durch die Waggons ... und schon ging es wieder abwärts – wiederum ohne daß wir die Bewegung merkten. Aber die Erde scheint uns mit Siebenmeilenstiefeln entgegenzukommen, die Bäume langen nach uns, mit ihren blätterreichen Armen, die Liliputaner, die wir uns zu Füßen wimmeln sahen, nehmen die Form normalgebauter Menschen an, die Coupétüren werden geöffnet, unser Fuß betritt wieder die terra firma.
„Neues Wiener Tagblatt", 1897

Wie bekannt, ist der Pester Wurstelprater nach dem Wiener Muster kreiert worden. Immerhin ist sogar der Name gleich...
Der Wurstel ist demnach Wiener Ursprungs, hier jedoch, auf Pester Boden, hat er sich Pest angepaßt. (...)
Geläute, Gedröhne, der Rhythmus dreier gnadenlos miteinander kollidierender Melodien; Gedränge, Geschiebe, gestärkte Röcke und formlose Uniformen; hingeworfene Worte, verdrehte Hälse; Körpergeruch, Staub und Wurstdampf: Der muß schon ein ganzer Kerl sein, der die Poesie, den Duft dieses Massenrausches (...) erspüren kann.
Die charakteristischste Figur dieses riesigen Lustortes mit seinen Schießbuden, Karussells, Schaukeln, Schnellphotographen ist der Ausrufer.
Kornél Tábori, o. J.

Für alle die Einfachen und Niedrigen, die aus den bunten Provinzen des Reiches in Wien zusammen strömen, für alle die Jugend, die aus Dörfern und kleinen Städten in die Großstadt zieht, um da zu arbeiten, zu dienen, zu darben und sich zu schinden, ist hier ein Trost. Junge Mädchen, die in den Wohnungen der Bürgersleute am fremden Herd stehen, junge Burschen, die in den Kasernen exerzieren, eine ganze junge Menschheit, die in der ungeheuren Stadt kein Zuhause hat, die im Wirbel dieses brausenden Lebens verlaufen und einsam ist, findet hier, im rauchig-dunstigen Saal ein Stückchen Heimat. Musik, die bescheidene Tanzmusik der armen Leute, die anspruchslose M-ta-ta-M-ta-ta-Musik gibt hier Illusionen und verwandelt die Szene.
Und ob nun die Musik einen Walzer spielt, einen Ländler, eine Kreuzpolka oder einen Czárdás, allen diesen Menschen hier ist eines gemeinsam: daß sie fremd sind in dieser riesigen Stadt, von deren Arbeitsmühlen sie verschlungen, in ihrem Wesen entfärbt, zerrieben und verbraucht werden.
Felix Salten, 1911

Oben: Schaubude „Wunderpapagei mit Frauenkopf" im Stadtwäldchen. Photographie von Mór Erdélyi. Um 1900

Gegenüberliegende Seite: Dienstmädchen und Militär warten auf den „Fünf-Kreuzer-Tanz" vor dem Wirtshaus „Zum stillen Zecher" im Wiener Prater. Photographie von Emil Mayer. Um 1910

Serbien hat das Ultimatum der österreichisch-ungarischen Monarchie nicht angenommen. Der Botschafter der Monarchie hat den Abbruch der diplomatischen Beziehungen erklärt und Belgrad verlassen. Serbien mobilisierte seine Armee, wartet auf den Angriff der Armee der österreichisch-ungarischen Monarchie, hat Belgrad, die Hauptstadt des Landes, schutzlos sich selbst überlassen, hat den Sitz der Regierung tief ins Innere des Landes verlegt.
Das ist geschehen, und in diesen wenigen Worten, in diesen wenigen Ereignissen liegt das Grauen aller Grauen: der Krieg.
Wovor sich das Volk des Landes seit Wochen fürchtete, wovor es 48 Stunden lang zitterte, das ist eingetreten: Die Furien des Krieges sind losgelassen!
Der Krieg hat begonnen, die Lawine nahm ihren Lauf, zunächst nur gegen Serbien. Doch wer weiß, wo sie zum Stehen kommt, wer wagt es zu prophezeien, welche Ausmaße sie annehmen wird?
Die Vorstellung kommender Schrecken läßt unseren Atem stocken. Die österreichisch-ungarische Monarchie hat seit einer Generation keinen Krieg erlebt. So wissen die heutigen Menschen kaum noch, was er bedeutet. Das Wort Krieg ist für viele nur ein farbloser, leerer Begriff. Heute wissen es viele nicht: Der Krieg ist ein Ozean des Schreckens, des Elends, der Metzelei, mit Wellen von Blut, Schmutz und Tränen. Die Katastrophe hat uns bereits ereilt. Wir können nichts mehr tun, um sie zu verhindern.
„Népszava", 1914

Der Anfang vom Ende
Oben: Einrückende auf der Pester Straße in Budapest. Photographie von János Müllner. August 1914

Gegenüberliegende Seite: Man liest die Verlustlisten in Wien. 1916

Wien ein Babel? Das Babel des Ostens? Danke schön! Soll dies etwa ein Kompliment sein? Das schöne, gute, gemütliche Wien ein Babel? Nein, gegen diesen Ausdruck muß protestiert werden.
Und doch! Trotz aller Proteste bleibt es dabei: Wien – das Babel des Ostens. An den nötigen Kennzeichen fehlt es nicht. Der babylonische Turm und die Sprachenverwirrung, man müßte blind und taub sein, merkte man sie nicht. Es gab eine Zeit – ach, sie ist längst vorüber! – da war nur eine Sprache, und alle Völker redeten sie und lebten in Eintracht nebeneinander. Und die Kaiserstadt war der Zentralpunkt des Reiches und die Metropole der Völker, und Deutsche, Slaven und Magyaren betrachteten sie als gemeinsame Hauptstadt. Aber jetzt versteht der Deutsche den Slaven, der Slave den Magyaren, der Magyare den Deutschen nicht mehr. Der Herr hat ihre Sprachen verwirrt und Wien ist geworden das Babel des Ostens, d.i. Stammeln, Verwirrung. (…)
Trotz dieses Chaos geht es aber in diesem Babel, gerade wie in dem alten, lustig genug her. Mögen auch die Einen grollend die Stadt verlassen, es kommen dafür Andere singend und jubilierend. Wie ungünstig sich die politische Konstellation zeigt, wie drohend auch die soziale Krisis sich gestalten möge, die Wienerstadt überdauert alles. (…) Wir wollen nichts sehen, nichts wissen davon! Wir wollen lustig sein, wir wollen uns des Lebens freuen. Mag geschehen, was da wolle, Wien wird seinen alten Ruhm, die Stadt der Freude und des Genusses zu sein, aufrecht zu erhalten wissen. Mag irgendein Zusammensturz drohen, wie oft bei neugebauten Häusern – Belustigungsorte und leider auch Orte der Lust werden doch bestehen. (…) Und in lustiger Gesellschaft, scherzend und lachend, plaudernd und küssend spotten wir des Elends der Zeit. In einem süßen Rausche, in einem wonnigen Taumel, wie von einem glücklichen Traume befangen, sehen wir allem gleichmütig entgegen, und mag selbst jene geheimnisvolle, weiße Hand an der Mauer des Saales erscheinen, wie im alten Babel – hu, wie wird uns! Was ist das? Mene, Tekel?!
Karl Landsteiner, o.J.

Bibliographie

Bibliographie Budapest

Bücher

Az ezeréves Magyarország múltjából és jelenéböl. Összeállította: Gelléri Mór. Budapest, 1896. Pesti Könyvnyomda

Budapest irásban és képben. A Magyar Hirlap naptár albuma. Szerk: Márkus Miksa. Budapest, 1912.

Gerö Ödön: Budapest. Budapest, 1904. Hornyánszky

Magyarország, különös tekintettel a fövárosra, Budapestre. Budapest, 1896. Singer és Wolfner

Pásztor Mihály-Relle Pál: A mi városunk. Budapest, 1913. Singer és Wolfner

Tábori Kornél: Pesti élet. Képes pesti riportkönyv. Budapest, 1910. Révai testvérek

Viharos [Gerö Ödön]: Az én fövárosom. Budapest, 1891. Révai testvérek kiadása

Winterstein: Illustrierter Führer durch Budapest und die Millenniumsausstellung. Budapest, 1896. Sach und Pollák

Zeitungen

A Ház
A Hét
Buda és vidéke
Budai Hirlap
Budai szemle
Erzsébetváros, 1907
Élet
Érdekes újság
Népszava
Müvészet
Ország-Világ
Székesfehérvár és vidéke
Tolnai Világlapja
Új Idök
Vasárnapi Újság

Bibliographie Wien

Bücher

Busson, Paul: Wiener Stimmungen. Wien, 1913. Verlag Robert Mohr

Chiavacci, Vincenz: Wiener Typen. Stuttgart, 1895. Adolf Bonz u. Comp.

Cloeter, Hermine: Zwischen gestern und heute. Wanderungen durch Wien und den Wienerwald. Berlin, 1912. Meyer u. Jenssen

Felder, Erich: Die Wienerin. Wien, o. J. Verlag von Karl Graeser

Guglia, Eugen: Wien, ein Führer durch Stadt und Umgebung. Wien, 1908. Gerlach u. Wiedling

Herschmann, Otto: Wiener Sport. Berlin-Leipzig, 1905. Verlag von Hermann Seemann Nachfolger

Hevesi, Ludwig [Hevesi Lajos]: Acht Jahre Sezession. Wien, 1906. Verlagsbuchhandlung Carl Konegen

Hirschfeld, Ludwig: Die klingende Stadt. Skizze aus dem lauten und dem stilleren Wien. Wien, 1912. Verlag Robert Mohr

Hirschfeld, Ludwig: Wir kennen uns. Gemütliche, gereizte und nachdenkliche Skizzen aus Wien. Wien, 1909. Verlag Robert Mohr

Kläger, Emil: Durch die Wiener Quartiere des Elends und Verbrechens. Wien, 1908. K. Mitschke

Landsteiner, Karl: Die Kaiserstadt an der Donau. Kleine Bilder aus der grossen Stadt. Würzburg, o. J. Verlag Leo Woerl

Lux, Joseph August: Das alte gemütliche Wien. München, o. J. Holbein Verlag

Ds.: „Wenn du vom Kahlenberg …" Wien-Leipzig, 1907. Akademischer Verlag

Martinez, August: Wiener Skizzen. Wien, 1896. Verlag Karl Fischer

Penn, Heinrich: Das heutige Wien des Kaisers Franz Josef I. Wien, 1908. Verlagsbureau des Verfassers

Petermann, Reinhardt E.: Wien im Zeitalter Kaiser Franz Josephs. Wien, 1908. Verlag R. Lechner

Pötzl, Eduard: Leute von Wien. Leipzig, o. J. Verlag Ph. Reclam

Ds.: Mitbürger. Neueste Skizzensammlung, Wien, 1900. Verlag Robert Mohr

Ds.: Wien. Drittes Bändchen. Neues humoristisches Skizzenbuch. Leipzig, o. J. Verlag Ph. Reclam

Ds.: Wiener Tage. Wien, 1906. Verlag Robert Mohr

Rainer, Louis: Illustrierter Führer durch die internationale Ausstellung für Musik und Theaterwesen. Wien, 1892.

Roessler, Arthur: Von Wien und seinen Gärten. Wien 1909. Verlag von Karl Graeser u. Kie.

Salten, Felix: Das österreichische Antlitz. Berlin, 1909. Fischer Verlag

Ds.: Wurstelprater. Leipzig 1911.

Tann-Bergler, Ottokar: Wiener Spassetteln. Wien, 1909. Verlag Robert Mohr

Über die Frage der Fleischversorgung Wiens. 135. Plenarversammlung der Gesellschaft Österreichischer Volkswirte. Abgehalten am 22. März 1904. Wien, 1904.

Wienerstadt. Lebensbilder aus der Gegenwart. Geschildert von Wiener Schriftstellern. Prag-Wien-Leipzig, 1895.

Wilhelm, Paul: Wien. Ein Spaziergang durch die Stadt und ihre Umgebung. Wien, 1910. Verlag R. Lechner

Wimmer, Adolf: Wien und die Wiener. Ungeschminkte Schilderungen. Berlin, 1892. Verlag von Eduard Renzel

Ziegler, Johann: Wiener Stimmungsbilder. Wien, 1907. Verlag Gerlach u. Wiedling

Zeitungen

Arbeiterzeitung
Deutsches Volksblatt
Illustrierte Wiener Extrablatt
Illustrierte Wiener Tagblatt
Neue Freie Presse
Neues Wiener Tagblatt
Österreichische Illustrierte Zeitung
Über Land und Meer
Wiener Bilder